百科通识文库
49

存在主义简论

托马斯·R.弗林 著
莫伟民 译

外语教学与研究出版社
北京

京权图字：01-2006-6855

图书在版编目（CIP）数据

存在主义简论 ／（英）弗林（Flynn, T.R.）著；莫伟民译. — 北京：外语教学与研究出版社，2015.8（2025.6重印）
（百科通识文库）
ISBN 978−7−5135−6507−3

Ⅰ. ①存… Ⅱ. ①弗… ②莫… Ⅲ. ①存在主义－概论 Ⅳ. ①B086

中国版本图书馆CIP数据核字（2015）第198866号

出版人　王　芳
项目策划　姚　虹
责任编辑　周渝毅
封面设计　泽　丹
版式设计　锋　尚
出版发行　外语教学与研究出版社
社　址　北京市西三环北路19号（100089）
网　址　https://www.fltrp.com
印　刷　北京盛通印刷股份有限公司
开　本　889×1194　1/32
印　张　7
版　次　2015年9月第1版　2025年6月第4次印刷
书　号　ISBN 978-7-5135-6507-3
定　价　20.00元

如有图书采购需求，图书内容或印刷装订等问题，侵权、盗版书籍等线索，请拨打以下电话或关注官方服务号：
客服电话：400 898 7008
官方服务号：微信搜索并关注公众号“外研社官方服务号”
外研社购书网址：https://fltrp.tmall.com

物料号：265070001

百科通识文库书目

历史系列：

美国简史

探秘古埃及

古代战争简史

罗马帝国简史

揭秘北欧海盗

日不落帝国兴衰史——盎格鲁－撒克逊时期

日不落帝国兴衰史——中世纪英国

日不落帝国兴衰史——十八世纪英国

日不落帝国兴衰史——十九世纪英国

日不落帝国兴衰史——二十世纪英国

艺术文化系列：

建筑与文化

走近艺术史

走近当代艺术

走近现代艺术

走近世界音乐

神话密钥

埃及神话

文艺复兴简史

文艺复兴时期的艺术

解码畅销小说

自然科学与心理学系列：

破解意识之谜
密码术的奥秘
恐龙探秘
情感密码
全球灾变与世界末日
简析荣格
人类进化简史
认识宇宙学
达尔文与进化论
梦的新解
弗洛伊德与精神分析
时间简史
浅论精神病学
走出黑暗——人类史前史探秘

政治、哲学与宗教系列：

动物权利
释迦牟尼：从王子到佛陀
死海古卷概说
存在主义简论
《旧约》入门
解读柏拉图
读懂莎士比亚
世界贸易组织概览
《圣经》纵览
解读欧陆哲学
欧盟概览
女权主义简史
《新约》入门
解读后现代主义
解读苏格拉底

目 录

图目

译者序

存在主义，作为20世纪最重要的哲学思潮之一，不仅对西方乃至全世界的哲学、文学、艺术、史学、心理学、社会学、政治学等产生了广泛影响，而且还深刻影响了二战前后那几代人的世界观和人生观。存在主义反对以黑格尔哲学为代表的近代思辨理性主义，强调哲学应该研究具体个体的生活、经验以及历史境遇，关注个体内部非理性的主观情绪体验（恶心、荒谬、焦虑、恐惧、死亡的体验），阐发了有关个体行为、自由、选择及其责任的哲学学说。

存在主义的产生不仅有经济危机、一战、二战、社会变革等深刻的社会历史根源，而且也有其重要的哲学思想渊源。虽然“存在主义”一词是由马塞尔在第一次世界大战末引入的，但“存在主义”作为一种哲学思潮却肇始于克尔凯郭尔的个体哲学和尼采的唯意志论，海德格尔和萨特又运用胡塞尔现象学方法对存在主义作了存在论解释、阐发和提升，存在主义最终遭到列维–斯特劳斯、阿尔都塞、拉康、巴尔特、福柯等结构主义者和思想家的批评而逐渐走向衰落。

本书作者托马斯·R.弗林教授，是美国著名的萨特研究专家，博士论文题为“让-保罗·萨特与集体责任问题”。他出版了多部研究存在主义的著作，在国际哲学界有较大影响。主要著作有《萨特与马克思主义存在主义》（1986）、《辩证法与叙事》（1993）、《萨特、福柯与历史理性》（两卷本）（1997、2005）、《历史伦理学》（2004）等。

与众多研究存在主义的书籍相比，本书的最大亮点在于作者不仅把存在主义当作一种哲学，还别具匠心地把存在主义定位为一种生活方式，从而很自然地把理论与实践、通俗性与思想性有机地结合在一起。本书虽然简短，但内涵丰富，思想性强。作者不仅梳理了存在主义缘起、发展、式微的演变历程，而且还澄清了通常招致人们误解的一些论题，挖掘了存在主义思想的深刻哲学洞见，重申存在主义运动在21世纪的哲学舞台上仍将扮演重要角色。作者在书后对本书专业词汇所作的解释非常有助于读者对该书的理解。

由于篇幅和体例所限，作者基本上都没有注明引文的出处，也没有系统阐释某些专业词汇的意义在哲学史上的演变过程。虽然译者尽可能对某些词汇和句子作了译注，但难免有遗漏和不妥之处。读者如果有兴趣深入了解存在主义，可阅读相关书籍、查阅相关资料。然而，无论如何，本书作为对存在主义的简短概述，仍明显体现出作者具有的精深研究功力和独到的见解。

译者谨识

2008年2月

前言

存在主义通常与巴黎左岸[1]咖啡馆以及哲学家让-保罗·萨特和西蒙·德·波伏娃的“学派”联系在一起。二战结束巴黎刚解放那会儿，萨特和波伏娃那帮哲学家经常光顾这些咖啡馆。人们可以想象，这些离经叛道、思想前卫的知识分子们，嘴里叼着香烟，一边欣赏着爵士乐，一边热烈地争论着他们新获得的政治和艺术自由的意义。他们充满热情和创新精神，经受着极大的痛苦来进行自我剖析。他们向往自由——永远都是自由。

尽管这反映了那时的媒体所塑造的存在主义哲学家的形象，也确实捕捉到了时代精神，但却掩盖了存在主义思想的哲学意义，把存在主义思想装扮成了某个特定历史时期的文化现象。这也许就是决意以具体而非抽象和永恒的方式从事哲学研究所要付出的代价。存在主义者主张，哲学要与当代现实密切相联，这激发了他们的社会和政治奉献精神。但这种强烈要求也把他们与他们那个时代的问题联系在一起，并使以后一代又一代的人认为，存在主义者

1 巴黎以塞纳河为界分为两部分，大体说来，虽然卢浮宫在塞纳河右岸，但右岸主要分布着巴黎的商业机构和行政中心，而左岸，尤其是拉丁区，则是巴黎的文化、艺术和教育中心，海明威、凡·高、毕加索、萨特等文化名流经常光顾此地。——译注，下同

只是昨日新闻的头版头条。

这就是我希望在这本小书中予以纠正的对存在主义思想的误读。假如存在主义表面上带有其战后的时代印记，那么，作为一种从事哲学思考的方式，作为一种处理那些关涉到人们生活问题的方式，存在主义至少就与哲学本身一样古老。同时它又与它所审视的人类状况一样现实。为了一开始就确保这个要点不被忽略，我在第一章中就讨论了不是作为学说或思想体系的哲学，而是作为一种生活方式的哲学。第一章的标题取自于古典学者皮埃尔·阿多[1]对回归斯多葛派所作的研究，他把这种向斯多葛派的回归看作是“古代”哲学如何能为当今人们生活提供意义的范例。尽管阿多偏爱古希腊人和古罗马人，但他在克尔凯郭尔、尼采这些所谓的19世纪存在主义运动的“先驱”及其20世纪继承者的著作中发现了类似的关怀。

存在主义被公认为是一种关于具体个体的哲学。这既是其荣耀，又是其耻辱。在大破坏和大众传播盛行的年代，存在主义捍卫了其主要倡导者萨特所说的“自由的有

1 皮埃尔·阿多（Pierre Hadot），法兰西学院教授，法国当代哲学家、史学家、语文学家和希腊罗马思想史研究专家。

机个体”，即有血有肉的行动者的内在固有价值。这值得我们称赞。由于现代社会中存在着难以抑制的趋同力，所以，我们将要提到的“生存的个体性”就是一种成就，但不是一种永恒的成就。我们生下来只是生物学意义上的存在物，但我们必须通过承担我们行动的责任来成为生存的个体。这就实现了尼采所说的“成为你自己所是”。许多人并不承认这种责任，逃避他们生存的个体性，躲进了无个性人群的舒适安逸中。为了能以一个实例来说明如何成为个体，在第二章中，我将先回顾克尔凯郭尔所说的生存的“阶段”或“人生道路的阶段”，最后就尼采如何看待成为生存个体这一设想作一些评论。

二战后不久，萨特发表了题为“存在主义是一种人道主义吗?”的公开演讲，这个演讲震惊了巴黎知识界，并充当了存在主义运动的准宣言书。从此，存在主义就与赋予人类和人的价值以崇高地位的某种人道主义哲学联系在一起，同时也与人道主义的批判联系在一起，这些不同的人道主义流派在当时曾被广泛接受。在第三章中，我讨论了这个有争议的演讲的诸种内涵（萨特唯一遗憾发表的就是这个演讲），还讨论了萨特的同代人海德格尔在其著名的《致人道主义的信》中对萨特演讲所作的“答复”。

虽然存在主义思想的最高价值被公认为是自由，但存在主义倡导的首要品德却是本真性。第四章致力于探讨本真性这个话题，同时也讨论了作为其对立面的自欺或不诚的本质和各种表现形式。我把本真性与生存的个体性联系起来，并考虑建立一种基于生存责任之上的本真性伦理学的可能性。

二战一结束就有人批评存在主义，说它仅仅是资产阶级个人主义的另一种形式，丧失了集体意识，漠视探讨当时社会问题的需要。为了反驳这种广为流传的批评，我在第五章中将专门讨论一种“经受磨炼的个人主义”这一问题，像存在主义者们设法以增进而非损害个体自由和责任的方式去设想社会团结一样，这种个体自由和责任仍然是绝对的，没有商量的余地。

在最后一章，我将利用前面讨论过的和其他的存在主义思想来思考存在主义哲学和我们当代的持续相关性。有必要把存在主义运动的哲学意义、强有力的洞见以及对具体事物的关注与其左岸成型期时引人注目、但现已过时的一些口号标语区分开来。在多个合适的备选项中，我选取了四个现在人们感兴趣的话题，对这些话题，存在主义者自有一番哲学评说。

即使这只是一本简论，但这本小书的两个特征也许还是会使读者感到它有些局限性：一方面，没有提到许多被公认为是“存在主义者”的名字，而另一方面，可能全书又过多地提及萨特。关于第一个方面，尽管我本可以提及像陀斯妥耶夫斯基或卡夫卡、贾科梅蒂或毕加索、埃奥内斯科或贝克特之类的人物，他们都在艺术中有力地表现了存在主义的主旨，但我关注的是把存在主义看作一场具有艺术蕴意的哲学运动，而不（只）是一场具有哲学抱负的文学运动——虽然这是一种误解，但却广为流传。我并不在此讨论值得提及的布伯或伯戴弗、奥特加·伊·加塞特或乌纳穆诺和许多其他哲学家，其原因就在于这毕竟是一本“非常”简短的小书。那些有兴趣研究本书中讨论的话题的人们将在书末找到一些有用的文献资料提示。

之所以花大量篇幅讨论萨特，是因为他和波伏娃是这个阵营中唯一承认自己是存在主义者的两位哲学家。就存在主义是20世纪的一场运动而言，它肯定集中反映在萨特的工作中。没有人比萨特更好地体现了哲学与文学、概念与想象、批判与忠诚、作为反思的哲学与作为生活方式的哲学之间的那种统一与张力，这种统一与张力体现了从事哲学思考的存在主义模式。

第一章

作为一种生活方式的哲学

假如我不用言辞来阐明我对正义的看法，那我就用我的行动来做到这一点。

苏格拉底致色诺芬

尽管号称独树一帜和史无前例，但存在主义实际上代表了西方哲学史上的一种传统，这种传统历史悠久，至少可以追溯到苏格拉底（公元前469—前399）。这是一种作为“关注你自身”的哲学实践。其关注焦点在于一种恰当的行为方式，而非一系列抽象的理论真理。由此，雅典将军拉凯在柏拉图的一部同名对话中承认，苏格拉底给他印象最深的并不是他的学说，而是其学说和其生活之间的和谐一致。苏格拉底本人在面临死亡判决时警告雅典法庭，他们将再也不容易找到像他那样教导他们把关注自身看作高于一切的人。

这种哲学观在希腊化时期的斯多葛派哲学家和伊壁鸠鲁派哲学家中间盛行。他们的注意力主要集中在研究伦理问题、找出个人生活的恰当方式上。正如一位古典学者所说，“从本质上说，哲学在古希腊人那里与其说是增进知识，还不如说是培育心智”。在某种意义上，哲学家就是灵魂的医生，开出药方——指定适当的人生态度和实践——来增进人们的健康和幸福。

当然，作为一种对人性和宇宙基本真理探究的哲学也在古希腊人中广为流传，并且也是关注你自身的哲学的组成部分。正是这个更具理论性的研究路径导致了科学的兴起，并在中世纪和近现代哲学学说中占据了首要位置。确实，就像“政治理论”和“文学理论”这些表述所体现的含义，当今的“理论”通常被看作是“哲学”的同义词，以至于说“理论哲学”几乎是多此一举。

在两类哲学形式的区分中存在争议的就是“真理”的两种不同用途：科学的用途和道德的用途。前者主要是用于认识事物和从事理论研究，而后者则主要用于实践和培育自我，比如实现“对你自己忠实”。前者并不要求一个人为了认识真理而必须成为某类人（对17世纪的哲学家笛卡儿来说，罪人可像圣人那样全面地把握数学公式），而要达至后一种真理则要求个人要有某种自我约束和一套针对自身的实践，如注重饮食，言辞谨慎，经常沉思默想。这后一种真理其实是关于做人的问题，就像苏格拉底以他特殊的生活方式所体现的那样，而不是像亚里士多德那样达到论证或洞见的清晰性的问题。在哲学史上，对自身的关注逐渐边缘化，被交付给了精神指导、政治组织和心理咨询这样一些领域。当然也有一些重要的例外。例如，圣奥古斯丁的《忏悔录》（397）、帕斯卡尔的《思想录》（1669），19世纪早期德国浪漫派的著作也没有把“道德”真理从学园中驱逐出去，它们都鼓励人们把哲学理解成是对自身的关注。

存在主义作为一个哲学运动可以在这个更大的哲学传统中找到它的位置。存在主义者可被视为复兴了这种较为个人化的“真理”观。这是一种被体验的真理，不同于、并且常常对立于这个术语较为超然的和科学的用法。

毫不奇怪，19世纪的“存在主义之父”索伦·克尔凯郭尔（1813—1855）和弗里德里希·尼采（1844—1900）

对苏格拉底哲学的态度很矛盾。一方面，苏格拉底被看作是某种理性的捍卫者，这种理性超越了纯粹约定俗成的和主观的价值，而趋向普遍的道德规范，对此，克尔凯郭尔赞扬他，而尼采则责备他。但克尔凯郭尔和尼采都敬重苏格拉底个体化地“跨越”了证明个人不朽和选择接受雅典法庭死刑判决之间的理性上的鸿沟。（苏格拉底被控渎神和利用其学说腐蚀青年，他因此而受审，并被判有罪。）换言之，每个哲学家都认识到生命并不遵循逻辑论证的连续性，一个人通常不得不冒险超越理性的界限以便最圆满地过自己的生活。正如克尔凯郭尔所说，许多人都提供了灵魂不朽的证据，但苏格拉底在假设灵魂可能不朽之后，就凭着这种心中假设的可能性拿自己的生命来冒险。他遵照雅典法庭的命令喝下了毒药，与此同时还不断地与其追随者争论着他来世的可能性。克尔凯郭尔把这称作“作为主体性的真理”的范例。克尔凯郭尔指的是一种个人的确信，基于这种确信，一个人愿意拿自己的生命来冒险。在他的《日记》中，克尔凯郭尔沉思道：“重要的就是要去发现一个对我来说是真实的真理，去发现我能为之生和为之死的观念”（1835年8月1日）。

图1　在服从城邦死刑判决将要喝下毒药时，苏格拉底还在谈论个人的不朽

清晰性是不够的

伽利略写道，大自然之书是以数学符号写就的。现代科学后来的发展似乎证实了伽利略的说法。这就给人一种感觉，似乎只有能被度量（量化）的才能给予我们可靠的知识，而不能度量的就只能归于纯粹意见之类。这个观点被19世纪和20世纪初的实证主义哲学奉为圭臬。这种实证主义的思维习惯坚持认为，“客观的”就等同于可度量的和“与价值无涉的”。其目标就是要从实验中抽出主体，以获得一种纯粹非个人的、“并不来自于任何地方的观点”[1]。这样一种研究方法导致了一系列重大发现，但它存在的前后不一致的问题也很快显现出来。把可知局限于可度量这种做法本身就是一种不可量化的价值观。也就是说，选择这种做法本身就近似一种“跳跃”，表现了对某套本身并不可度量的价值观的信奉。

而且，把不可度量之物不算作知识不仅使我们某些最重要的问题悬而未决，而且变得不可解答。我们的伦理规

1 指这种观点的源头并非个人，也非神明，而是“客观的”。

则和价值观仅仅表述了我们的主观偏好吗？把数学家、哲学家伯特兰·罗素（很难说他是一位存在主义者）的话换个说法就是：人们反感无端地伤害他人，但有谁相信，这种反感仅仅表示了人们碰巧不喜欢这种行为呢？伦理学理论中的“情感主义者”的学说就认为，这种反感仅表现了人们的一种情绪。这个学说有时被称作道德判断的“呸/呜啦”理论[1]。情感主义者因接受了实证主义者把知识局限于可度量之物事的主张而把不能度量的情感排除在知识之外，并在此基础之上发展他们的理论。但是，我们真能获得那种像实证主义者要求于科学的并不掺杂个人情感的知识吗？也许，认识主体能被重新引入这些讨论之中而不损害这些讨论的客观性。但这在很大程度上取决于我们能否修正“客观性”的定义，能否发现“真实”这个词除了实证主义者所说的“与感觉经验相一致”之外的其他用法。许多哲学家回应了这一挑战，存在主义者便是其中之一。

让-保罗·萨特（1905—1980）举例回应了这一挑

1 伦理学的情感理论认为伦理判断既不陈述非伦理的科学事实，也不表达非科学的伦理事实，而只是对情感作非真非假的表达，类似于“呸”或“呜啦”这样的表达。由此，伦理学的情感理论也被称作“呸/呜啦”理论。

战。他指出当今唯一有效的知识论便是基于微观物理学真理之上的知识论：实验者就是实验体系的一部分。萨特想到的是来自于原子物理学中所谓的“海森堡测不准原理”。这个原理，至少就其通俗的解释来说就是，使我们能观察轨道电子动量和位置的仪器影响了轨道电子的活动，以至于我们能分别、但不能同时确定电子的动量或位置。类似地，人们可以反对说，涉入“原始”部落生活这种行为本身就妨碍了人种学家去研究处于原始状态中的人。这些想法削弱了实证主义者把知识等同于可度量性的观念，也搅乱了理性主义者对实在的看法。后者原本以为非此即彼的逻辑就能穷尽实在，不存在既是此又是彼的情况。再举一例：光既有波的性质又有表明它是粒子的性质。这两个特征似乎相互排斥，非此即彼的标准逻辑解决不了“光是波还是粒子”这个问题。光，似乎两者都是，而不仅仅只是其中一个。似乎需要另一种逻辑来理解这个现象。上世纪初物理学和数学的其他许多发现都对实证主义者和理性主义者关于知识和世界的论断提出了反例。

生活体验

存在主义者所涉入的正是这个有限的世界，任何对这个世界的观察和评估都只能是相对的。他们渴望把我们生活中最不具个性的现象加以“个性化”。例如，什么能比时间和空间更不具个性和更客观呢？即便是相对论为我们提供的成熟的时空观也依赖于一个绝对的或恒常的参照点，即光速。我们用分秒来测算时间，用米或码来绘制空间。这似乎是实证主义意义上的量化的、因而也是客观的方法。然而，存在主义者所说的“绽出的”时间性这个观念却为时间意识现象增添了性质的和个性的维度。对存在主义者来说，生活时间的每个时间维度的价值和意义就是我们的态度和选择的一个功能条件。例如，某些人总是急于承担职责，而其他人则对于如何度过他们的时间茫然无知。当你高兴时，时间飞驰而过；当你痛苦时，又感觉度日如年。从存在主义的观点来看，实际上即使用数字表示的安排我们时间的建议也是对生活抉择进行检验和评估的建议，这些生活抉择首先确定了我们在时间上需要优先考虑的事。假如“时间具有本质”[1]（存在主义者会坚持这么认为），那么，我们现在的一部分就是我们体验自己生存的“已然”和“未然”的方式，我们如何处理我们对日常生活的专注使得这种生存方式具体化了。

存在主义者通常以戏剧化的手法描述这样的“生活时间”。阿尔贝·加缪在其关于纳粹占领巴黎的讽喻剧《鼠疫》中，描述了深受鼠疫肆虐之苦、被强行隔离的城市居民：“仇视过去，厌烦现在，欺骗未来，我们更像那些出于正义或仇恨而被迫生活在监狱铁栅后面的人。”把“监禁”看成是“服刑”，这显然是存在主义的观念。在对情感意识作富有洞见的分析时，萨特谈到，当某人真正在“欢呼雀跃”时，他其实是在以肢体变化的方式（来像变魔术一般）想象“立即”拥有一种令人愉快的境遇的可能性，而无需等待其必须的、时间上的展开。尽管萨特是在20世纪30年代陈述这个论点的，但人们立即可以想到在德国占领巴黎期间希特勒在凯旋门下迈着轻快舞步的照片。

1 许多哲学家都提出了类似的观点，但并不清楚是谁最早提出了这个观点；具体含义是指“时间”不是指物理学意义上的可度量的客观时间，而是指具有“过去”、“现在”和“未来”这三个维度的个性化时间。

如米歇尔·福柯所说，时间有它自己的黏滞性。绽出的时间性包含了其涌流。

但存在主义的空间也被个性化了。萨特提出，社会心理学家库尔特·勒温的“路径”空间（生活空间）[1]这个观念在性质上与我们日常生存的生活时间相同。故事讲述了两个参加鸡尾酒会的人，其中一人想要在面对面的交谈中尽可能地靠近，而另一人则生性冷淡，想刻意保持一定的距离，在酒会的一个房间里，这两人一边你推我搡、一边又想继续交谈。生活空间是个人化的：它是我平常上班走的路线，是教室里很快能找到自己位置的座位安排，或是我课桌上物品的排放顺序。这便是心理学家所说的我的“舒适区域”，也是我生活筹划的一部分。我如何处理对我有意义的“空间”取决于我如何安排我的生活。

当然，这些是心理学要思考的问题。但存在主义思

1 库尔特·勒温（Kurt Lewin，1890—1947），德国著名心理学家，受格式塔心理学影响，提出了人类行为“场论”和群体力学，创立了“拓扑心理学”。他认为个体的生命空间包括他的将来、他的现在和他的过去。每个人任何一刻的行动、情感和精神状态，都取决于他总体的时间维度。

想和方法的一个明确特征就是它们也具有一种存在论[1]意义。它们表述了我们的生存方式，并帮助我们通达我们生活的意义和方向（对法语词“*sens*”的两种不同译法）。诚如我们将在后文中看到的，尽管许多哲学家都设法贬低甚至批评我们的感觉和情感的哲学意义，但存在主义者却极其重视像“畏”[2]这样的情感（克尔凯郭尔称之为我们对我们自由的意识）和“恶心”这样的感觉（萨特把它描述为我们对生存偶然性的体验和一种“存在的现象”）。这立即就使存在主义者可与独具创造力的艺术家进行对话，这些艺术家善于利用我们的情感和富有想象力的生活。实际上，存在主义与艺术之间的关系一直如此紧密以至于其批评者通常只把存在主义当作一种文学运动而不予考虑。确实，存在主义思想的戏剧性，还有它对情感意识的揭示性力量的尊重以及对“间接沟通”

1　ontology一般译为“本体论”，但本书一律译为“存在论”。因为这一概念关注“存在”本身的本质特征。但自17世纪以来，它往往等同于整个形而上学。然而，海德格尔认为，真正的存在论应该区别于形而上学，应该追问“存在”的意义，而形而上学遗忘了存在的意义。

2　畏（anguish, *Angst, l'angoisse*）：意识到一个人的自由是彻底的可能性。这不同于“怕”，“怕”有特定的对象，而“畏”则没有专门的对象。也译为“焦虑”。

的运用（这一点稍后会简要讨论），都会让人产生这样的联想。但存在主义者探讨的问题、对概念作出的仔细区分、严密的论述、尤其是他们明显与其他哲学传统中人的对话等，都使我们可以明确地把存在主义者主要划在哲学范畴之内，即使在他们强调概念与想象、哲学与文学之间区分的模糊性时也是如此。

“为之而死的真理”

假如非个人的空间和时间能被个人化，并被带入我们的选择和责任的领域中去，那么“客观”真理也能如此。如同一开始所提及的，克尔凯郭尔区分了“客观”反思与“主观”反思、“客观”真理和“主观”真理。他考虑到了客观反思在发展科学方面的普遍运用，并作了如下描述：

“客观反思的方法使主体成为偶然，并因此使生存变成无关情感、逐渐消逝的文物。远离主体，客观反思方法导向客观真理，而主体及其主体性变得无关情感，真理也就变得无关情感，正是这种无关情感性成就了其客观有效性；因为所有的旨趣，就像所有的决断一样，都植根于主体性。客观反思的方法导向抽象思想、数学和不同种类的历史知识；这种方法始终远离主体，主体的生存或非生存恰恰因为这样而变得无限地冷漠无情”。

存在主义的五个论题

存在主义者以各自的方式运用五个论题。这些论题并不构成对“存在主义者”的严格定义，它们更多的是描绘了这些哲学家同属一个学派，他们有许多相似之处（论题的交叉和重叠）。

1. 存在先于本质。你之所是（本质）就是你所选择（你的存在）的结果，而不是相反。本质并不是命运。你就是你自己所造就的人。

2. 时间具有本质。我们根本上是受时间束缚的存在。生活时间不同于可度量的“钟表”时间，它关乎本质：“尚未”、“已经”和“目前”在意义和价值上各不相同。

3. 人道主义。存在主义是一种以个人为中心的哲学。尽管存在主义并不反对科学，但存在主义的关注点却集中在人类个体在大众社会普遍要求浅薄和服从的社会经济压力下对身份和意义的追求。

4. 自由/责任。存在主义是一种自由哲学。它的根本原则是基于这样一个事实，即我们能与我们的生活保持距离并反思我们所做的一切。在此意义上，我们总是“超过”我们自身。

但是如同我们是自由的一样，我们也是负有责任的。

5. 伦理考量至高无上。虽然每个存在主义者都以自己的方式"自由地"来理解伦理，但其根本关注点却是要我们去检验我们个人生活的本真性和我们社会的本真性。

存在主义者并不否认逻辑和科学推理的有效性。在此意义上，他们并非非理性主义者。他们仅仅怀疑这种推理能否触及内心深处引领我们生活的个人信仰。如同克尔凯郭尔在谈及黑格尔的辩证理性主义时所说："设法凭借这种抽象哲学来生活就像想凭借一张丹麦在上面只有针尖大小的地图来找到丹麦各地一样。"

与忽视个体生存的客观反思相反，克尔凯郭尔把主观反思及其与之相应的真理看成是主体性：

"当主体性是真理时，主体性的定义就必须包含一个与客观性相对立的表述，一个岔路口的标志，并且这个表述也必须传达思想深处的张力（自身与自身的关系）。这样说来真理便是：客观的不确定性，紧陷于感情最为强烈的思想深处的一个占用过程之中，这就是真理，是一个现存的人所能获得的最高真理”。[1]

这也关乎人生“岔路口”上方向的转变。这使得对主观反思的选择成了一个“存在主义的”选择。如果这种选择仅仅是一个有关自然事实或法则的非个人论断，那么我们就会处理“客观确定性”，而个人选择的赌注就会无关紧要。人们就会完全依指令行事。如果苏格拉底对个人不朽的信仰只是一种论证的结论，那么他就会这么做。但在此，“真理”更具有一种“道德”本性。如克尔凯郭尔所说，一个人用来计算某个可能结局的概率的方式，或在沿着通向目的地道路上看距离标记的方式是一个（“使某个客观事态成为一个人自己的”）“占用”问题，而不是“接近”某个客观事态的问题。就像克尔凯郭尔在别处指出的那样，对作为主体性的真理来说，重点在我们信仰的“方式”，而非信仰的“内容”。这导致了某些人的误解，认为克尔凯郭尔是在宣称你们信什么无关紧要，只要你们信

1 克尔凯郭尔明确反对真理符合论（即真理是主观与客观相符合），而倡导真理主体论，即认为真理就是主体对客观事实的“占有”、“占用”、“拥有”。这个“占用”过程体现了主观与客观的融合，也就是真理最终归结为主观自身与自身的关系。

就行。尽管克尔凯郭尔作为非常坚定的基督徒并不倡导宗教相对主义，但他更加关注的却是反对不温不火或纯粹是有名无实的宗教信仰，而不是为基督教教义作辩护。

如果人们把一个世俗化的存在主义真理转译成有关生活意义的语言，那就意味着没有“客观上”正确的道路可供选择。对存在主义者来说，在弄清楚选择和可能的结果之后，人们就会坚持践行自己的选择，并使之成为正确的选择。对存在主义者来说，这样的真理与其说是在发现，还不如说是在抉择。当然人们并不是盲目和毫无标准地作出这些选择（与通常的误解完全相反）。但正如一些人反对的那样，选择的本质是构建标准，而非无标准。人们可能会把克尔凯郭尔所说的称为“转意归主”，在这种经验中，决定性的一步并不仅仅是理智，它也是意志和情感（克尔凯郭尔所说的“激情”）的事情。所谓的信仰的“盲目跃迁”就是这样，如同我们在下一章中将要看到的，这种信仰的“盲目跃迁”把人投进了生存的宗教领域，但同样也可运用于个人一生中其他许多重要的“转捩点”，包括个人政治信念的根本转变、陷入爱河等。

这只是存在主义、实用主义和“分析”哲学许多相同之处中的一点。例如，伟大的美国心理学家、实用主义哲学家威廉·詹姆斯在《信仰意志》中作出了类似的断言。他说，我们的激情本性不仅可能，而且必定会在命题之间作出选择，凡是真正的选择，从本质上说，就不可能完全凭理智作出。但某些这样的选择就是英国伦理学家 R.M. 黑尔所说的“原则的决定”。这些决定本身并没有原则，因为它们是用来确立原则的，我们生活中日后作出的选择正是依据这样的原则。这些原则类似于“游戏规则”，人们决定参与时选择了这些规则，但这些规则事先并不适用。在你决定参加游戏之前你并不遵从这些规则；你决定了参加就意味着你遵从这些规则。这些就是我所说的“构建标准的”选择。诚如我们将要看到的，这类似于萨特所说的赋予个人生活以方向和统一性的初始的或“基本的选择”。我们通过反思我们迄今为止的生活方向而发现了这个选择。萨特宣称，这其实是一个我们发现自己早已悄悄作出的“选择”。

介入的哲学与文学[1]

克尔凯郭尔的作为主体性的“真理”观是20世纪萨特所说的“介入”这一概念的先兆。似乎是为了贬低客观真理这个概念，或至少是为了表示认同现代科学定义下的“客观性”的新意义，萨特指出：“只存在介入的知识”。另一方面，萨特又赞同由埃德蒙德·胡塞尔（1859—1938）提出的较为经典的“客观主义的”知识观和真理观以及他的现象学描述方法（参见下文）。调和这两种观点的一个方法就是像克尔凯郭尔那样宣称，每一种观点都参照了“真理”这个术语的不同用法。在萨特那里，这是一个把现象学描述融入到一个更为实用主义的辩证真理观念中的问题；即在一个更高的层次上把不同的观点调和起来的问题。这更符合像马丁·海德格尔在20世纪20年代引入的解释学的或诠释学的现象学（参见第六章）。尼采曾强调，所有知识都是诠释，并不存在“原初的”、不可诠释的文本。换言之，被算作知识的其实是“完全的”解释。

1　在萨特那里，“介入”（committed）指的是作家、哲学家、艺术家等对20世纪社会、政治问题的公开表态和干预。萨特可谓是“介入哲学”和“介入文学”的身体力行者。

于是，不管是完全赞同尼采，还是部分认同克尔凯郭尔，真理都已被存在主义者“个人化”了。“我的真理”不再是一个自相矛盾的表述。

在发表于1948年的著名论文集《什么是文学?》中，萨特详述了“介入文学”这个概念。萨特的基本前提是，写作是一种我们必须加以负责的行动形式，我们不仅要对写作的形式负责，还要对写作的一切内容负责。第二次世界大战的经历赋予萨特一种社会责任感，但在他的代表作《存在与虚无》（1943）中却缺乏这种社会责任感，或至少是没有能详尽阐发。实际上，人们经常批评存在主义者过分强调个人主义，明显缺乏社会责任感。萨特早已凭借几部广泛被人们接受的剧本和感人的小说《恶心》而闻名于世，现在又探讨起了散文艺术家的道德责任。萨特承认，“尽管文学是一回事，道德是另一回事，但我们可以在审美律令的核心处发现道德律令”，即相信两者都是自由的。萨特把艺术家与读者之间的关系看成是“赐予-企助”的关系[1]，萨特的这一观念成了他美学思想的关键，不

1　这种关系强调艺术家与读者之间的关系并不是目的与工具的关系，艺术家有道德责任把读者看作具有道德价值的自由主体。

久便被当作消除异化社会关系的普遍模式。这个关系模式并不把人当作纯粹的物体或工具，而是当作自在的价值。当萨特进行以下总结时，似乎一种自由尊重另一种自由的纯粹形式条件获得了一个根本性特征：

> “作者从独一无二的观点出发来向那些他想要获得其认同的自由描绘世界，这样的唯一观点总是关于充满着自由的世界的观点。很难想象由作家激发的宽宏大量的释放能被用来认可非正义，以及读者在阅读一部赞同或接受或仅仅放弃谴责人对人的征服的作品时能享受自己的自由。”

换言之，诚如我们将要看到的，存在主义详细阐述一种社会良心和一种信仰。这种信仰认为，至少美术和文学应该介入社会和政治。

在二战后初期写成的这篇重要文章中，有一个萨特后来感到后悔的评论。在这一评论中，萨特在诗歌和散文之间作了一个著名的区分。根据这一区分，诗歌代表任何非工具主义的语言形式或是像音乐、视觉艺术和造型艺术这样的艺术形式。这些形式本质上是为了艺术而追求艺术，它们不能在违背其艺术本性的痛苦之下介入社会变革。而另一方面，散文由于其工具性的本质，能够、并且现在应该通过其写作题材和写作手法来培育个体的和集体的自由。尽管萨特随后在一篇论述非洲黑人法语诗歌的革命特征的文章中将修正这个区分，但其基本论点并没有改变：在他看来，我们目前正处在社会压迫和经济剥削之中，至少在这种情况下文学应该介入现实，减轻我们所受的压迫和剥削。萨特写道，仅仅谴责这些实践是不够的，还需要积极的反抗。在第五章中我们将探讨各种各样的存在主义作家们的社会责任观。但目前只需提几个此类作家的作品中具有的这种社会和政治"介入"特征就行了。

让-保罗·萨特（1905—1980）

巴黎人，可能是20世纪最负盛誉的哲学家，经常与其终身伴侣西蒙·德·波伏娃一起周游世界。他的名字成了存在主义运动的同义词。他撰写了大量剧本、小说和哲学著作，最著名的是《存在与虚无》（1943）。曾被授予诺贝尔文学奖，但他拒绝这个荣誉。他公共生活的大部分时间都深深地介入到政治左派中。在他去世时，有几千人自发地涌上街头加入出殡队伍。诚如报刊标题所言："法兰西失去了她的良心。"

图2　萨特在1968年学生暴动时发表演讲

存在主义与美术：间接沟通

由于存在主义的存在观颇具戏剧性，而且在论证中普遍使用生动的意象，在与人的交流沟通中诉诸个人感观反应，因此，存在主义总是与美术密切相关。实际上，加缪与萨特都被授予了诺贝尔文学奖（萨特拒绝了这个奖）。在某种程度上，克尔凯郭尔是个诗人，因为他经常使用笔名、寓言和其他形式的“间接沟通”来促使个人介入眼下发生的事情。尼采是伟大的德语散文艺术家之一，他关于宗教先知的寓言《查拉图斯特拉如是说》类似于萨特的小说《恶心》，是哲学的戏剧化表述的典范。西蒙·德·波伏娃（1908—1986）的小说也表述了她的哲学洞见。加布里埃尔·马塞尔（1889—1973）以沉思默想的方式撰写哲学，他曾说他的哲学也许更好地表现在了他已出版的30部剧本之中。在我们所讨论的哲学家中，只有海德格尔、卡尔·雅斯贝尔斯（1883—1969）和莫里斯·梅洛-庞蒂（1908—1961）不太符合这一范畴。不过，除了雅斯贝尔斯，他们甚至撰写美学方面的重要研究作品，并且三人都使用了通过具体事例赋予论证价值的现象学方法。他们都坚持认为，艺术家，尤其是海德格尔笔下的诗人和梅洛-庞蒂的造型艺术家，都预示了，并且通常更充分地表达了哲学家试图加以概念化的一切。存在主义观念对美术产生了如此强大的影响，以至于我们将看到某些人偏向于把存在主义描述为一场文学运动。确实，像陀斯妥耶夫斯基和卡夫卡这样的作家，像贝克特和埃奥内斯科这样的剧作家，像贾科梅蒂和毕加索这样的艺术家，都代表了存在主义思想的许多显著特征。

介入社会和道德改革是所有这些作家的特点。这一观念最为恰当地体现在他们用“间接沟通”来传递他们观点的做法中。“间接沟通”这一术语意指一种修辞行为，这一行为隐藏了哲学家的作者身份，以便通过悬置读者的怀疑来使读者认同作品中的人物。因此，克尔凯郭尔能用不同的笔名来写作，每一个声音都传达了某种与这个笔名使用者有关、但又不完全与哲学家本人相同的观点。尼采能模仿嘲弄圣经先知，即使当他在《查拉图斯特拉如是说》中贬低宗教信仰时也是如此。尼采的格言虽然是以他的本名写出，但也有巨大的修辞力量，尽管有人有时会担忧他格言的出处，即有哪种“论证”证实了他的格言。同样，德·波伏娃、萨特、加缪和马塞尔可以写小说和剧本，以具体的方式传递他们的思想给读者，而读者至少在当时悬置了其决定性的距离。当萨特被问及为何在巴黎的资产阶级街区而不是在工人阶级街区上演自己的剧本时，他回答说，看了他戏的资产阶级观众没有不怀有“反叛他所在阶级的”思想。这就是艺术表现一种哲学生活方式的力量。

胡塞尔与现象学方法

尽管由埃德蒙德·胡塞尔在20世纪30年代发展起来的现象学方法以不同的方式被同时期的存在主义者所采用，许多（也许绝大多数）现象学家却并非存在主义者。但所有存在主义者都接受现象学研究方法中最著名和最重要的一点，即任何意识都是对一个并非意识者的意识。换言之，意识的本质就是指向他者。甚至在反思中意识指向自身时，它也像是指向一个“他者”。这被称作意向性原则。在这个情境中，“意向的”与“故意的”无关。意向是关于我们精神行为独特性的术语：这些行为超越自身而指向他者。

埃德蒙德·胡塞尔（1859—1938）

出生于捷克共和国的普罗斯尼兹，在转向哲学之前获得过数学博士学位。他于1901年至1916年执教于德国哥廷根，从1916年起直至1928年退休一直执教于弗莱堡。作为现象学的奠基者，胡塞尔在20世纪的欧洲哲学中起着开创者的作用。马丁·海德格尔是他最著名的弟子，后来接替了他在弗莱堡大学的职位。胡塞尔是犹太人后裔，晚年因纳粹主义兴

图3　埃德蒙德·胡塞尔，现象学运动的奠基者

起而受到迫害。当他在弗莱堡去世后，其比利时牧师朋友就把他的遗孀和手稿带到了鲁汶大学，从而使其手稿免遭纳粹毁坏。

这个原则有两方面的意义。它克服了头脑“中”的“观念”和这些观念所代表的外部世界之间的“沟通”问题。我们没有“第三只眼睛”来对头脑中的一切与外部世界的一切作比较，以此来确认，我们确实知道外部世界。这个问题是近代哲学之父勒内·笛卡儿（1596—1650）及其追随者的遗产。在力求摆脱怀疑、追求确定性的过程中，笛卡儿得出结论说，他只能确信一件事，即他是一个思者，因为怀疑是一种思维形式。这似乎证明了他凭直觉所作的断言：“我思故我在”。但为这来之不易的确定性付出的代价却过大，因为它使笛卡儿陷入自我思想中而不能自拔，面临着“沟通”内部实在和外部实在之间鸿沟的问题。他如何能把这个确定性拓展到“外部”世界呢？

根据意向性原则，这就是一个假问题，因为对意识来说不存在内部/外部。每一个意识行为都“意向”（意向性地相关于）一个早已在世界中的对象。例如，随着我们知觉、设想、想象或回忆这些对象，或和这些对象有情感上的关联，我们“意向”这些对象的方式将有所不同。但在每一种情形中，有意识都是一种在世界中存在的方式。

例如，想一想我们头脑中的意象。如同萨特在其早期研究中指出的那样，意象并不是“头脑中”将被投射到外部世界的缩影。这就再次提出了内部与外部之间对应符合的问题。意象意识是一种使得我们的知觉世界“变得不真实”的方法，这种方法向仔细谨慎的现象学描述表明了它的明确特征。例如，如果我们想象一个先前知觉到的苹果，经验的仔细描述就会揭示出，想象一个苹果如何不同于知觉同一个苹果。首先，不同于被知觉的苹果，被想象的苹果只具有那些我们选择后给出的特征。这样的想象并没有教给我们什么。我们其他的意识行为也是如此。每一种意识行为都向现象学描述揭示了其独特的特征。

但由于意识以这样不同的方式去“意向”其对象，所以我们可以使用“本质还原”或“范例的自由想象变换”[1]

1　范例的自由想象变换（free imaginative variation of examples）是胡塞尔现象学本质直观的方法，对意识中各种状态所作的本质直观，既要纯粹地非感性地审视某一时间点的现象，又要通过自由想象、变换各种例子来反省直观到的现象，从中找出贯穿于各种情况的不变本质。

这样的现象学方法来勾勒这些各种各样的意识经验的轮廓，理解其本质。以各种“给予性”的模式而对“被给予”意识的一切作严密描述的这种想象性任务就是存在主义者在展开他们的具体论证时所采用的。如同胡塞尔曾指出的，现象学方法的要点并不是（通过发现原因）去说明而是（通过描述本质或可理解的轮廓）让我们去审视。

考虑下面几个例子。法医艺术家会勾勒出罪犯的画像好让证人去鉴别。随着她添加或删除画像的某些方面，证人会觉得画得像，也可能会觉得不像，直至她最后改得恰到好处，证人就会说“对，是他；他看上去就是这个样子”。这是本质还原描述的一个极其平常的类比，它使用了范例的自由想象变换来达至一种洞见，立时抓住意向对象。

让我们把取自于萨特《存在与虚无》中著名的现象学“论证”当作第二个本质还原的例子，这个论证本身没有什么技术性。一个偷窥者透过钥匙孔在偷看一对夫妇时突然听到身后有脚步声。在同一个行为中，他体验到他的身体被另一个意识“对象化”。他愈发显得尴尬，脸发红。他的这两种表现等同于一种双重论证，既表明了他人的存在（一个古老的哲学谜语），又表明了他的身体易于以一种他所不能加以控制的方式被对象化。即使偷窥者弄错了（声音在开着的窗子前面，由风吹窗帘发出的），这种经验也仍然远为直接地、并且比任何来自于类推更加肯定地证明了我们对他人思想的信念，这是标准的经验论者的证明。这是一个成功的“本质还原”的力量所在。它捕捉到了作为主体、而并非简单地作为对象的另一个主体的经验的本质或可理解的轮廓。

这些来自于现象学描述或范例的自由想象变换的论证的有力之处和潜在的弱点，在于这些论证都把注意力集中在我一直所说的“可理解的轮廓”上。这直接抓住了胡塞尔所说的“事物本身”。它类似于数学或逻辑证明结束时的“兴奋”体验（胡塞尔是数学博士）。假定是，如果描述愈来愈严密，探究者就将自行审视。当然，潜在的弱点是，在回应“我看不明白”这样的宣称时，现象学家只能回答，“那看得更仔细些吧”。但实际上，我们通常能抓住要点；我们成功地通过大量变换而看到不变的“本质”。这样通过举例的论证，不仅向存在主义者提供了他正在探寻的具体推理方法，而且还几乎希望将这种方法表现在富于想象力的文学作品、电影和剧本之中。

我在前面提到，许多现象学家并非存在主义者，反之亦然：虽然20世纪的存在主义者接受了胡塞尔的意向性概念，因为这个概念为他们的描述方法打开了一个较为宽广的领域，但他们拒斥胡塞尔后来思想的另一个特征，因为它与存在主义所关注的一切相冲突，即胡塞尔的“悬置”生存的设想。胡塞尔谈论自然态度，这种态度是前哲学的态度和素朴的态度，因为它不加批判地接受了日常经验的真实世界。在努力使现象学成为一门与哲学本身相同义的严密科学时，胡塞尔坚持认为，人们应该悬置自然态度的素朴实在论，抛弃或者悬置现象学描述对象的生存或存在问题。胡塞尔把这称作“现象学还原”或悬置，并认为它能避免自然态度易于导致的怀疑性异议。胡塞尔承认，人们可以在自然态度中实施一种“本质还原”，并达到一种“本质”心理学。但胡塞尔后来又论证说，这会使得“你描述的一切在现实世界中有效吗”这个怀疑性问题得不到解决。胡塞尔的要点是，假如你产生了这个额外的还原，并悬置了你探究对象的“存在问题”（撇开了它们是“在现实中”还是仅仅“在头脑中”存在的这个问题），你就消除了怀疑论者对你能凭你的描述达至“实在”的怀疑。现象学还原的要点是使一切都对现象学家有利，除了“被还原”对象的存在（现在被称作“现象”的存在）。当你悬置了存在问题，你就保留了先前所有的经验及其各自的对象（知觉、意象、记忆和其他东西），但现在你是作为意识相对物（即现象）来保留。在某种意义上，你具有与在自然态度中相同的音调，但主音不同。预防了怀疑论的质疑——自古希腊以来，这种质疑曾是一种推动哲学发展的否定性力量——你现在就能对任何现象进行严格的描述分析了。种种描述本身能区分出一个被知觉的苹果与一个仅被想象出的苹果之间的差异。这似乎是把哲学怀疑论者加以边缘化，并确保我们对世界有一种确定知识的巧妙方法。这就是胡塞尔的梦想。

存在主义者提出两个理由来反对胡塞尔的现象学还原。首先，胡塞尔的现象学还原使我们与世界的基本关系具有理论性，而非实践性，似乎我们天生就是理论家，后来才学习实践。胡塞尔的学生马丁·海德格尔与此相反，他强调，我们通过我们的实践关切而原初地“在世”，并且哲学应该分析这种“前理论的”意识以便达至存在。同样，如同我们所看到的，萨特坚持认为所有知识都是“介入的”。梅洛-庞蒂谈到我们身体的某种“操作性的意向性”[1]，这种身体先于我们反思性的概念化而与世界发生相互作用。甚至胡塞尔晚年也似乎通过引入作为我们理论反思的前理论基础的“生活世界”这个概念而认同这些论断。

但是，主要的存在主义异议是认为存在本身并不是一个可以还原的“本质”，并且如同梅洛-庞蒂著名的论断所说，“一个完全的（现象学）还原是不可能的”，因为你不能“还原掉”现存的“还原者”。现存的个体不止是人们希望在理论概念中加以把握的对他们的“定义”。像萨特所说，存在着“存在现象”，诸如我们的恶心体验，揭示了我们所是和我们所无须所是（我们的“偶然性”）。但是，这样一种体验并非是认知的。这种体验应该是感觉或情感意识的事情——引人入胜的描述和小说的素材。

1 操作性的意向性（operative intentionality）。如果说在胡塞尔那里，意向性是指意识的意向性，即意识总是指向某个对象，那么，在梅洛-庞蒂那里，意向性是指身体的意向性，我们每个人都是通过我们的身体与其他人、与周围世界发生关联的，并生存于其他人、周围世界之中的。身体的意向性，强调了既非物质也非意识的知觉的首要性，从而成了“操作性的意向性”。

第二章

成为一个个体[1]

1 “individual”，源自拉丁文“individuus”，有“不可分的”、“单个”、“个别”、“个体”、“个人”之意。“个体”、“个人”较为中性，而“个人主义”则更具伦理学和政治哲学的蕴意，译文采用“个体”。

“任何两个人、任何两种境遇都不能用同一个标准来彼此衡量。”

“意识到这个事实，就是经历一场危机。”

加布里埃尔·马塞尔

存在主义被视为一种“个体主义的”哲学。在第五章中考察存在主义的社会维度时，我们将修正这个观点。但一开始我们应该注意到，对存在主义者来说，成为大众社会中一个有独特个性的个体就是一项成就，而非仅仅是一个出发点。再者，每个存在主义者都会以各自的方式来探讨这个主题。但他们的基本观点就是，现代社会使人远离个体主义而趋向墨守成规。克尔凯郭尔所说的“群众”、尼采直言的“民众”、海德格尔谈论的“常人”、萨特论及的“有人”说的就是这个问题。每人的思考、行动、穿着、言谈等都模仿“他人”所为。在列奥·托尔斯泰的短篇小说《伊凡·伊里奇之死》中，叙述者是墨守成规、钻营功名之人，他一直渴望进入上流社会，经常提到要举止“得体”。说这话时，他甚至要用上流社会爱用的法语表达法“*comme il faut*”。在这个意义上，成为一个个体是我们必须承担并坚持、但也许永远也不能实现的使命。诚如我们在前一章中所指出的，人类状况受制于时间性，这就要求作为一个个体生存必须始终是动态的和在进行中的，决不应该是静态的和已完成的。作为一个个体生存要依靠外部环境，因而包含着相当的危险。

尼采滔滔不绝地谈论过超乎民众之上的个体的孤独。他力求像苏格拉底那样让自己的个人生活符合自己的学说，但和存在主义者通常的情形一样，尼采的个人生活悲剧性地见证了他追求这种标新立异所要付出的代价。他曾经周游欧洲多年，在一个地方逗留的时间从未超过几个月。他常住在租来的房间里或者寄居在别人家里，身患严重的偏头疼和胃病，通常还不得不自己花钱出版自己的著作，而这些著作在其有生之年并没有很多读者。尼采把自己比作17世纪犹太裔的荷兰哲学家斯宾诺莎，后者因其离经叛道的观点而被逐出犹太教会。他有一句格言是：“亚里士多德说过，独自生活的人不是野兽，就是神。但他忽略了第三类人：哲学家，他必须既是野兽又是神。”尼采坚持认为，哲学家必须违反时下流行的常识，并指出：

> “今日……当只有畜群被尊重时……‘伟大’这个概念就包含了高贵、想要坚持自我、能与众不同、卓尔不群、并且必须独立生活的意思；当哲学家假定‘只要他成为最孤独、最隐匿、最叛离、超越善恶之人，他便会是最伟大之人’时，哲学家就将表露他自己的理想。”

依据这些标准，索伦·克尔凯郭尔可算是尼采式哲学家的典范，尽管后者似乎对克尔凯郭尔的作品只有粗略的了解。克尔凯郭尔撰写随笔和短文，以个体的名义攻击当时哥本哈根墨守成规的三种最强大的力量，即大众媒介、国家教会和居于统治地位的哲学——黑格尔（1770—1831）哲学。在他看来，大众媒介代替人们思考，教会代替人们信仰，而黑格尔主义则代替人们作出选择，即黑格尔主义在所谓的“辩证”过程中的某个较高级的、具有包容性的观点中“调和了”那些本是个体化的选择。换言之，黑格尔的哲学把具有挑战性的“非此即彼”问题转换成了让人舒服的“两者都是”的问题。虽然是以成为个体的名义，但这些令人不快的观点却使克尔凯郭尔孤立于他的社会，并引起有关当局的强烈反对。确实，据说他喜欢把“单个的人”这个简单的短语当作他的墓志铭。此外，众所周知，克尔凯郭尔还解除了与雷吉娜·奥尔森的婚约，他这一行为看似无情，但实则是因为他不想把他不凡的使命和他随后的单身生活强加给雷吉娜。在他身上，我们看到了那种被尼采颂扬为真正哲人的孤独思想家。在某种意义上，如同我们将看到的，克尔凯郭尔理想的信仰骑士也是“超越善恶”的，尽管这和尼采在使用这个著名表述时所要表达的含义有所不同。

克尔凯郭尔的人生阶段理论

对成为个体这个设想所作的最全面的分析出现在两

处——克尔凯郭尔的《非此即彼》和《人生道路的各阶段》两部书。这两部书都是他间接沟通法的例证。在每一部书中，使用不同笔名的作者各自讲述了一个故事（实际上是几个故事），旨在使我们明白和检验这些故事在我们自己生活中的寓意。这两部书的叙事论证提供了对三个生存领域的完整描述。克尔凯郭尔构想这三个领域是为了追述成为一个个体的历程。虽然一旦这个过程被设想出来，我们就必须进行修改和细致地描绘，但有三个领域（或称阶段）却是明白无误的（审美的、伦理的和宗教的）。每个阶段都有与之相对应的道德故事作为其典范：唐璜是审美领域的典范，苏格拉底是伦理领域的典范，亚伯拉罕是宗教领域的典范。这些人物给克尔凯郭尔展开来的“论证”增加了一种实实在在的情感力量。类似于美术馆的讲解员，克尔凯郭尔经常提到典范，因为他想让我们看到典范如何用具体事例说明讨论中的人物品质。因此，让我们沿着此路而行，在走向个体性的过程中与其文学和历史人物相遇。如同人们对存在主义分析中所预计的那样，每个阶段或领域都将揭示出与时间性的关系，正是这种时间性把这一阶段与其他阶段区分开来。这再次说明，时间具有本质。

在一封致《人生道路的各阶段》读者的信中，其中一个角色“塔西唐兄弟”对人生阶段（或领域）作下述概括时说，也许最好的开始方式就是趋向终结：

“存在着三个生存领域：审美的、伦理的和宗教的……伦理领域只是一个过渡领域，因而伦理领域的最高表述就是作为否定性活动的忏悔。审美领域是直接性领域，伦理领域是要求性领域（并且这种要求是无限的，以至个体总是无能为力），宗教领域是满足性的领域，但请注意，这并不像一个人填满施舍箱或袋子那样的满足，因为忏悔专门创造了一个无限的空间，并由此而造成了一种宗教矛盾：在水下七万英寻的深处筋疲力尽的同时仍要感到愉悦。”[1]

塔西唐兄弟的分析显然是从“宗教的”角度出发，它低估了伦理领域的稳定性和永久性，似乎我们将要见证的

1 这个比喻是指宗教阶段的满足就好比在水下承受巨大压力的情况下所感受到的愉悦，有罪的个体只有依据宗教信仰和宗教意义上的悔意才能得到拯救。

图4　时年41岁的索伦·克尔凯郭尔，他去世的前1年

伦理领域的局限性使它不足以应对人生最紧迫的问题，例如，在好人遭遇不幸这种使人愤慨的事情中。萨特从相反的视角宣告，加缪在其小说《鼠疫》中以戏剧化的手法表现了“恶不能被救赎”。至少这是无神论存在主义者的观点。总之，很清楚，以“存在主义”这个名义探讨的都是具体的、令人困惑的境况下的特定个体。因此，让我们紧紧遵循人生的这三个阶段。

索伦·克尔凯郭尔（1813—1855）

有神论存在主义的先驱，生于哥本哈根，并在此度过了他的一生。在当地的大学学习神学和黑格尔哲学，与国家教会、大众媒体和黑格尔哲学的捍卫者进行针锋相对的论战。也许是因为他把自己的个人职业看作是痛苦而孤独的，他与出身于当地显赫家庭的雷吉娜·奥尔森解除了婚约，后来也一直单身。他出版了大量哲学和神学著作，其中许多是匿名出版的，这些著作以其敏锐的理解力和心理学洞见而闻名于世。

审美阶段

从时间上讲，这是直接性的领域。可以看到，这个领域涉及的范围极广，从明显的文化平庸直至最高的文化修养都包括在内。生活在这个阶段并且能毕生生活在这个阶段的人都只关注现在，漠视作为忏悔的过去或作为义务的未来。除非是考虑到有益于现在，他们是不会关心过去和未来的，如同我们将在诱惑者约翰[1]身上所看到的。克尔凯郭尔被歌剧《唐璜》吸引，这部歌剧讲述了永不悔改的玩弄女性的“唐璜”的故事，莫扎特曾在其最伟大的一部歌剧中为这个不知疲倦的诱惑者的故事配上了音乐。被克尔凯郭尔当作审美领域主要典范的唐璜，只为了当下的感官满足而生活。《人生道路的各阶段》和《非此即彼》中都有他的身影。

《人生道路的各阶段》开头讲的是一个有关“审美”聚会的故事，这次聚会被命名为“*In Vino Veritas*”（这是一个古时的格言，可译为“酒醉吐真言”）。这个名字还是聚会的入会口令。故事滑稽地模仿了柏拉图著名的《会饮篇》（这篇对话讲述了一次讨论爱的宴会的故事）。这

1　诱惑者约翰（Johannes the Seducer）是处于审美感官阶段的典型代表，他在享受已诱惑到的女性的同时（甚至之前）就在盘算如何抛弃她。享乐主义者只是一堆相互矛盾的情绪、支离破碎的感官自我逃避选择的责任和重负。

两部作品把重点放在宴饮和大醉的赴宴者发表的称颂爱的讲话上。柏拉图笔下的聚会最终关注的焦点在真实持久、有益于灵魂的爱欲，这与感官美带来的短暂的吸引力形成了鲜明的对比，而这次名为“酒醉吐真言”的聚会则正是颂扬瞬间即逝的感官美。事实上，无论是聚会最后时刻发出的邀请，还是准备拆除聚会场所的工作人员在聚会结束时的立即出现，都在强调事件的直接性和偶然性。如同其中一个参与者所说：“要成为好事，就必须立刻办，因为‘立刻’是所有范畴中最神圣的……。”回想一下萨特对那些真正在“欢呼雀跃”的人的分析，这些人徒劳地想把令人愉快的经验浓缩在一个瞬间。

狂欢者们在莫扎特歌剧曲调的伴奏下进入了盛宴大厅。他们的各种发言论及了情爱或男女之间的日常关系。诱惑者约翰作了最后的发言。这个人物是克尔凯郭尔在其早期作品《非此即彼》中引入的。由于他集中体现了审美领域，所以，让我们借助于他在这前一册书中的引言来详细解说这一领域。

克尔凯郭尔审美领域最引人注目的人生故事之一“诱惑者日记”详细记述了“诱惑者约翰”的阴谋诡计，他的策略就是模仿嘲弄唐璜的放荡生活。事实上，取自于歌剧的台词充当了故事开头的警句。约翰被16岁的年轻女孩科迪莉亚吸引，他在大街上注意到她的姑母（也是她的监护人）陪伴着她。他后来碰到一个显然也同样为这个女孩着迷的青年男子。约翰以帮他求婚为借口而接近他。在作为这个青年男子的朋友进入女孩家门后，约翰就设法讨女孩姑母的欢心，即使在他迷住这个女孩时也是如此。青年男子不久就不能与约翰一起进出女孩家门了，他现在与其说是约翰的帮手，还不如说是他的累赘。他们之间一系列的信件往来透露了约翰引诱后又抛弃年轻的科迪莉亚的故事。约翰似乎一点也不在乎他给别人造成的痛苦，他只关心“最大的享乐”，在这之后，他诱使科迪莉亚与他解除婚约，这样就可以由她来承担分手的责任。如同约翰所说：“对婚约的诅咒总是在其伦理方面。伦理无论在哲学中还是在人生中都一样令人厌倦……我肯定会安排这件事，使她成为解约者。”无疑，约翰不如唐璜直率，但其目标是一样的：毫无愧疚地始乱终弃。当约翰提出以下规劝时，他就捕捉到了“审美”这个术语以及这个生存领域的巨大模糊性：“以诗化自己来赢得少女的芳心是一门艺术；以诗化自己来让少女忘记自己却是一件杰作。”在某种程度上，审美者也是一个诗人。

伦理阶段

克尔凯郭尔认识到约翰并非道德败坏；他根本不遵守伦理游戏规则。对错的规则并不适用于他的生存领域。每一个考量都旨在当下，即使这个“当下”在于未来，就像诱惑者约翰对科迪莉亚的算计那样。伦理领域的两个明确特征，即作为忏悔的过去和作为义务的未来，在此都无一席之地。存在主义的“承诺”概念也不见于其话语中。忏悔、义务、承诺都属伦理范畴，这些范畴在经历了“跃迁”或“皈依”之后才起作用。这种“跃迁”或“皈依”就是自由选择，因而也是个体化的行为。在我们不久将要详细阐明的步骤中，这个“跃迁”并不是前一阶段自然发展的结果，更不是其必然结果，这和黑格尔式的解读不太一样。克尔凯郭尔似乎相信大多数人毕生都生活在审美领域之中。总之，克尔凯郭尔论证说，唯美主义者不能作出能使他或她成为自我的选择。如同克尔凯郭尔的另一个角色威廉法官[1]警告曾在《非此即彼》中强调人生是一场假面舞会的年轻的唯美主义者那样：

“你难道不知道午夜将至，那时每个人都会摘下面具？……我已看到现实生活中的人们一直欺骗别人，以至于最终他们的真正本性不能表现出来……你的本性最终被消解为复多，你真的会成为许多，就像那些不幸的着魔者那样，会成为众多，你因此将会失去人身上最内在和最神圣的东西——人格的统摄力量。你能想到有什么比这更可怕的吗？……[这样一个人]也许会不可思议地卷入远远超越他自身的人生关系中，以至于他几乎不能表现他自身。但是，不能表现自身的人也不能去爱，而不能去爱的人也是最不幸的人。”

这位法官讲清楚了存在主义的主旨，即选择起到了解放和建构自身的作用。在克尔凯郭尔看来，黑格尔哲学强

1　威廉法官（Judge William）是《非此即彼》中的人物，克尔凯郭尔借他之口道出存在主义的一般论点：个体的可能性选择是建构自身和解放自身的，个体生活包含着危险、承诺和“非此即彼”的选择。

调诸多选择之间的“调和”，并把它提升到一个更高、更综合的阶段或立场，而存在主义思想则强调选择，强调包含着危险、承诺和个体化的“非此即彼”的选择。这位法官用一个非常巧妙的类比提出：

“设想船长在船必须转向的瞬间。他也许可以说‘我要么这么做，要么那么做’；但假使他不是一位杰出的航海家，他就会以为船一直像往常一样前行，因此，在这一瞬间他做什么都无关紧要。对其他人来说，也是如此。如果他忘了考虑前行，最终的瞬间就不会再有非此即彼的问题，这并不是因为他已作出了选择，而是因为他忽视了选择，这等于说，别人已替他作了选择，因为他已失去了自我。”

这是存在主义给我们上的一课，它让我们认识到整个人生就是一个不断选择的过程，没有选择本身也是一种选择，我们同样要对此负责。萨特直言不讳地阐明了这一点。他说，对人类现实（即人类）来说，生存就是选择，不再选择就是不再生存。当他补充说，对人类而言，生存就是选择一个人自身时，他其实就呼应了克尔凯郭尔关于选择与构建自身关系的论述。

法官向年轻的唯美主义者提供的基本“选择”就是我们说的一种构建标准的选择。就像他说明的那样：“我面对的非此即彼的选择首先并不是指在善与恶之间进行选择，而是指人们据以选择善恶或排除善恶这样的选择。”换言之，它构成了“参与游戏”的决定，道德上的善和恶这些范畴都在这种游戏中运作。对克尔凯郭尔来说，道德的明确特征就是道德规则的普遍性和非例外性。克尔凯郭尔所倡导的、源于18世纪德国哲学家康德的伦理观认为，不道德的本质在于你要其他每个人都遵守规则，而唯独把你当作一个例外。正如康德指出的那样，我们会撒谎、骗人或偷盗的唯一理由就是其他人不会这么做。这话的意思并不单单是说，这样一种选择于社会有害（功利主义者就这么认为。他们坚持，如果行为对大多数人有利，那就是正确的），而是把这种行为推而广之（即希望每个人都撒谎、骗人或偷盗）在实际上完全不可能。因为如果每个人都撒谎，那就无人可信，因而撒谎也就不可能了。这也暗示，这种行为将使规则遵守者沦为规则破坏者实现其目的的工具。这明显违背每个个体的内在固有的价值——典型的存在主义观点。我们正在探讨像十诫或“你想人家怎样待你，你也要怎样待人”这样一组规则，但这些规则是用非宗教术语表述出来的。一个人可以像苏格拉底和罗马执政官布鲁图斯（其子因犯叛国罪而被判处死刑，布鲁图斯并没有赦免他的儿子，尽管他完全有权这么做）那样公正和正直，而不知这其实是《圣经》的律令。实际上，甚至在判决不公时苏格拉底仍遵守雅典人的法律，这就使他成为伦理领域的典范：苏格拉底并不认为自己在一般规则之上，尽管这样会对他造成伤害。克尔凯郭尔把这些个体称作“悲剧英雄”，但又补充说，不同于亚伯拉罕，“悲剧英雄仍处在伦理领域之内”。

宗教阶段

在克尔凯郭尔看来，信仰的“跃迁”是进入宗教领域的前提，同时也是个体化的最高形式。在此，操作性的范畴既不是审美领域中的苦乐，也不是伦理领域中的善恶，而是罪和恩，其代表人物是亚伯拉罕。在《创世记》的故事中，他准备献出自己唯一的儿子，以服从上帝的命令，尽管上帝允诺这位老人是“许多部落”的先祖。这一奇事的时间维度就是这一“无限”运动开始的“瞬间”。在回应只向亚伯拉罕一人发出的圣令时，伦理范畴就被悬置了。在此意义上，宗教阶段行为的动机不能被总结为是伦理阶段的要求。换言之，宗教个体是“超越善恶的”（用尼采的话来说），并因此被看作是在不道德地行事。用伦理领域的话说，亚伯拉罕无法用语言来向妻子解释他的古怪行为。他既不能依靠一般原则的确定性，也不能指望普遍理性的帮助。他孤身一人面对上帝——完美无缺的个体。亚伯拉罕以最极端的方式拒绝这种无名的慰藉（他“生存”）。随着他迈出超越伦理领域的这一步，他体验到了对自由的“畏”，他甚至也知道这一命令既背离一般的道德原则，而且还可能不是出自上帝的旨意。宗教个体高于普遍概念。从宗教观点看，“诱惑”逆转了这个关系，它使伦理的/普遍的成为绝对的，并要求去做“道德”的事情，违背上帝的律令。这才是一种真正的信仰“跃迁”。

有人提出，克尔凯郭尔对这个圣经故事的解释无意中导致了与尼采式的和萨特式的存在主义有关的“境遇伦理学”[1]的产生。除了以经验法则作出判断外，这种道德抉择把每一种伦理情形都看作是独一无二和不可比拟的。由此，萨特讨论一个面临两难选择的年轻人，他或者与母亲一起呆在被纳粹占领的法国（他的父亲被怀疑与纳粹私通合作，他的哥哥在1940年德国进攻时阵亡），或者离开法国与自由法国阵线并肩作战。如果他从当事人那里寻求有利于这个或那个决定的建议，那么，他实际上早已作出了他的选择。但萨特敢说：“你是自由的，因此选择吧——即创造吧。”像他所解释的那样：“没有任何普遍的道德规则能向你表明你应该做什么；在这个世界上没有神迹被允诺。天主教徒会答复说，‘不，确有神迹！’很好，但每次仍必须由我自身来解释神迹。”“道德创造性”的危险和成就是存在主义著述的一个基本论题，这在尼采、萨特和德·波伏娃的著作中表现得尤为明显。

毫无疑问，克尔凯郭尔并不认为一个人应该拒斥伦理。他确实把亚伯拉罕的行为看作是“对伦理的目的论悬

1　境遇伦理学（situation ethics）是伦理学的一个分支，强调要在具体生存境遇中来探讨善与恶、权利与义务、选择与责任、自由与必然等道德问题，这是一种相对主义的伦理学。

置”，而非抛弃。暂时搁置伦理领域是为了更高的目的，即忠实于上帝的指令。随着亚伯拉罕从他献出自己儿子以撒的山上下来（天使凝视着他的手，指出亚伯拉罕已通过了无条件信仰上帝的考验），他就回到了伦理领域，但他已有所改变。他现在知道这并不是没有例外的，他对戒律和规则的遵行是基于一种更高的忠诚之上。总之，像克尔凯郭尔总结的，个体高于全体。标准的道德规则不再绝对，不再要求所有人在任何时候都必须遵守这样的规则。

这就产生了这些领域之间的关系以及人生统一性的问题。在谈论人生审美领域中的“消散”（即人生的支离破碎和骄奢淫侈）这一问题时，这位法官劝告年轻的唯美主义者：“[在你目前的状态中]你不能爱，因为爱意味着献出自我，而你并无自我可以献出。”这位法官在谈及这些领域之间的相互关系时，似乎暗示，人生的意义取决于对这三个领域的整合：“如果你做不到把审美、伦理和宗教看作三大盟友，如果你并不知道如何去保持不同事物在这些不同领域中的不同表面现象的统一性，那么，人生就缺乏意义，人就必须承认你正确地坚持了你所珍爱的、并能用来说明一切事物的理论，‘做或是不做——你都将后悔’。”至

图5　亚伯拉罕正要献祭他的儿子以撒

少在唯美主义者那里，除了这样一种综合之外似乎还有另一个选择，即怀疑主义或虚无主义，或两者都是。

克尔凯郭尔有关这些阶段或领域的论述并不完全一致。一方面，他强调使一个人从一种状态转入另一种状态的“非此即彼”的选择。个体化选择显然是每个步骤的核心。在跃迁发生之后，似乎就不能完全回到先前的领域。一个人一旦选择参与伦理活动，就不能重新考虑并毫无保留地返回到纯粹的审美领域。你失去了你的纯真，只能作为不道德的人来继续享乐。以此类推，已实现宗教信仰跃迁的孤独个体一旦退回到纯粹的审美甚或伦理领域（似乎没有体验到各领域的界域）就必定招致“罪孽”的惩罚。虽然克尔凯郭尔有时把“罪孽”和道德败坏混为一谈，但它还是属于宗教范畴。可是，如同我们刚才所看到的，把这些领域看作“三大盟友”这样的观点或者意味着黑格尔式的“综合”（被压抑的复归），或者意味着“重叠”，这个重叠与领域的景象而非阶段的景象相呼应。无论在哪种情形中，个体化“选择”的主导性论题都被严重破坏。诚然，像克尔凯郭尔使用笔名（或尼采使用讽喻，甚或柏拉图使用对话）这样的间接交往的优点之一，就是人们不用在表述中寻求前后的连贯性。诚如我们将要看到的，存在主义者珍视模糊性。但再次重申，存在主义者并不是非理性主义者。只要在这个充满偶然性的世界上有可以被理解的意义，他们就总是试图从这样一个世界中理解这些意义。

有自由但并非一切人的自由：尼采

即使这些思想家对自由这个基本术语的确切意义并没有达成一致意见，但存在主义确是一种自由哲学。尼采就是其中之一，人们都知道尼采否认自由意志观及其所行使的道德选择。他设想把人类带回到现实中，远离那些有关超验和永恒的幻想。这一设想使尼采转向人类生存的生物学维度、生存的非理性本能和冲动：虽然他对形而上学采取敌对态度，但他所说的“强力意志”（尽管人们常将它与选择和支配联系在一起）确是回答了“最终有什么？”这个形而上学的问题。就其宇宙学意义而言，强力意志是推动宇宙的力量；从生物学上来理解，强力意志就是驱动生物领域内不可抗拒的生命推动力；从心理学上讲，强力意志就是支配和控制的驱动力。强力意志的“最高”表现就是由自由精神行使的自制力。在尼采看来，自由精神的道德要“优于”民众的宗教伦理。如同法国哲学家米歇尔·哈尔所注意到的，“作为整体的大自然就是强力意志”，它体现在生存的每一个维度之中。这就是为什么哲学家保罗·利科尔把尼采与马克思和弗洛伊德一起列入

“怀疑大师”的行列中的原因。每位思想家都怀疑我们对自己行为所作的表面说明。他们宣称，我们行为的真正原因在于别处。就尼采而言，那个最终来源就是强力意志。如同福柯后来以尼采的方式所说，像19世纪早期看似最高尚的致力于刑事改革方面的努力其实最终表达的是更有效地控制人口这样的欲望。

那么，存在主义意义上的创造性自由在这样的宇宙中居于何处？我们在我们自身身上感觉到的以及归之于他人的责任有何基础？这是自由相对于决定论的永恒问题，不过在存在主义这里，这一问题更具戏剧性。在宇宙那里，每一事件都有原因，每个原因都是必然产生的结果（这两个观点有待商榷）。通常理解的存在主义自由宣称有“绝对开端”，但这一“绝对开端”现在似乎没有一席之地。每一事件都有其前件（是自然的还是文化的前件，这取决于一个人所提出的决定论种类），并且每一个原因都必然产生结果。实际上，根据这一论述，无人能做不同于他们以前所做之事。

尼采坚持认为，自由意志的“谬误”在于相信选择（而非生理学和文化力量）是我们作出赞同和否认的道德判断的基础。尼采表现出一种对心理学的而非存在论解释的偏好。他指出："我们最为愤慨的邪恶行为基于这样的错误观念之上，即做了伤害我们之事的人拥有自由意志，换句话说，他本来能选择不对我们造成伤害"。假使尼采是对的，那么似乎可以得出结论说，我们什么都可以容忍。因为，用前浪漫主义时期的法国小说家斯塔尔夫人的话说，"理解一切就可以宽恕一切"。虽然这可能是斯宾诺莎及其德国崇拜者的智慧，但这几乎不是民众的常识。

弗里德里希·尼采（1844—1900）

生于德国东部吕采恩镇附近的勒肯村。在他获得博士学位以前就被任命为巴塞尔大学语文学教授，这一直被公认为是他才华出众的表现。由于他生活中的大部分时间都受病痛折磨，他在10年后辞去了教授职位。在接下来的10年中，他在欧洲各地游历，撰写了以尖刻妙语和对生命的执着而著称的散文随笔。作为"审美"存在主义的先驱，他最著名的宣言就是"上帝死了"，意思就是近现代科学已使得对上帝的信仰变得毫无意义。他为自己设定的使命就是要与由这个事件引起的虚无主义进行战斗。在生命的最后10年，他一直备受精神失常之苦。

图6　尼采热切的凝视

但尼采在其有关宗教先知的寓言《查拉图斯特拉如是说》中提出了一种“高级”伦理的可能性，这种伦理是基于一种创造价值观的自由和能力。在某种意义上，随着“上帝之死”，即随着犹太-基督教上帝观念的淡漠，“自由人”（尼采的真实个体）夺得原本为上帝所有的特权，其中最重要的就是创造肯定生命的道德观和增强生命力的审美价值观。尼采宣称，“人是一种能评估价值的动物”，高尚的道德价值观和审美价值观在把人的生命变成艺术品的规划中融为一体。高尚与美的这种融合能把我们从我们自身中解救出来，就像古希腊人那样；也就是把我们从因认识到宇宙并不关注我们而感到的绝望中解救出来。对尼采来说，艺术要取代宗教。对萨特哲理小说《恶心》中主角安东·罗克丁来说，艺术就预示着一种像宗教一样的救赎。因此，那些“自由人”似乎可以获得一种自由伦理，他们用耳朵去倾听，有勇气去肯定他们所听到的一切。那些自由人能做别样的事情吗？尼采似乎把这一问题视作是对自由意志的错误信仰而导致的假问题，因此不屑一顾。实际上，如果他们真的是自由人，他们不会做别样的事情，因为这源于他们拥有高贵的出身或恰以这种方式行事的本性。

尼采认为我们当前的犹太-基督教伦理产生于“奴隶”权力意志的发挥。“奴隶们”颠倒或“重估”了“主人”的道德观。在尼采寓言般的论述中，最初的异教领袖赞同一种肯定生命的有关高贵和卑贱的道德观。这些价值观与我们所知的犹太-基督教道德截然相反。尼采假设，因为“怨恨”主人毫无遮掩地运用肯定生命的强力意志，奴隶的牧师们通过隐蔽地运用强力意志，颠覆了主人的价值观，并纳入到他们自己的、今天被我们称之为道德领域内的“善恶”范畴。由此，主人的好与坏（高贵与卑贱）就分别被转化为奴隶的恶与善。主人看作好的，奴隶就谴责为恶，而主人视为卑贱的一切则成了奴隶的谦卑、怜悯之类的“德性”。尼采向“自由精神”灌输一种高级道德，这种道德颠覆了奴隶的价值观，使自私从一种奴隶般的邪恶转变成主人般的美德，等等。这种新（或旧）道德由此超越了犹太-基督教伦理中的善恶，但同时表现了对主人道德中的“好坏”的认同。在主人对强力意志的运用是相对开放和放纵的地方，奴隶对强力意志的运用就是隐蔽的，充满着否定生命的怨恨。尼采对自由精神宣扬的颠覆行为从根本上再一次肯定了生命。但这只是对少数人而言的。

尼采向那些能接受颠覆行为的人提出一种宿命论学说。对存在主义精神来说，这种宿命论要比刚刚讨论过的决定论更具挑战性。根据这种理论，我们注定要做我们所做的。尼采把这称作“永恒轮回”[1]的论题。他认为这个论题得自于我们的选择是有限的而时间是无限的这样一个事实。因此，正像他所理解的那样，凡能发生的定会无数次地再度发生。如果决定论是回溯性的，那么宿命论就是展望性的；它涉及写入生命之书中的一切，而这生命之书的书页尚待翻开。在这种情况下，尼采的建议就是不要被动地放弃，而要像古代斯多葛主义宣扬的那样，要去积极地“爱命运”。我们稍后将讨论加缪版本的这一理论。但是，无论从字面上来理解这个理论，还是更加貌似合理地把它看成是要求人们有勇气地谨慎行事的道德律令，像查拉图斯特拉所要求的，“通过一种坚决的意志行为来弥补过

1 “永恒轮回”（eternal recurrence）。尼采认为世界是循环的，每个已经发生的事物都会在一个无限延伸的过程中不断地重现。这是由简单到复杂，再由复杂到简单的循环过程。尼采弘扬悲剧精神，既反对决定论，也反对宿命论和目的论。

去”，都再次提出了这样一个问题，即我们如何“自由地”遵循或拒斥尼采的忠告。这是克尔凯郭尔提出的值得重视的一个悖论。

有趣的是，克尔凯郭尔笔下的威廉法官通过诉诸一种心理–社会制约，使他笔下那个不幸的年轻唯美主义者面对某种类似的挑战：

“对我来说，选择的瞬间非常严肃……因为……存在着危险：在下一个瞬间我可能不再会有同样的力量去选择，早已经历的一些事必定还会经历。认为人可以在某个瞬间使自己一片空白，或严格地说，使个人生命的进程突然中断或完全停止，这样的想法完全是一种错觉。在一个人作出选择之前，人格早已热衷于选择；当选择被推迟时，人格其实在无意识地进行选择，或者选择由包含在人格中的隐秘力量作出。因此，当最终作出选择，人们就发现（除非如同我在前面所说的，人格已被完全挥发掉了），有些事必须反复做，有些必须取消，而这通常是非常困难的。”

在克尔凯郭尔那里，选择是与“自身”相互补偿的，这个“自身”既是由选择构建，又是由选择表现。在此，“人格”更类似于尼采的基础性“本能”，这种“本能”使人作出抉择并充当其缺失的模式。或者也许这样说更恰当，“人格”就像一种习惯那样起作用，这个习惯就是先前那些选择的积淀，存在主义选择的自律可以在这种情形中得到保全。

萨特曾经写过一篇题为“笛卡儿的自由”的文章，萨特在文中发挥了尼采的观点。他说在缺乏对上帝的信仰时，我们应当享有笛卡儿归之于上帝的绝对自由。用现象学的术语说，这意味着整个“世界”（我们意义的境域）就是我们完全要负起责任的创造。萨特强调，“我们没有借口”。诚如我们所看到的，和尼采一样，萨特主要关注道德价值的创造。但不同于前人尼采，萨特宣称，这些价值都是我们创造性“选择”的结果。相反，尼采似乎认为，受遗传影响，“那些能倾听的人”（即自由人）就能被他的论证力量所触动，而民众却不能理解这种论证力量，或是感觉受到了威胁。如果是这样，尼采就是在赞同一种心理-生物学的决定论（我们必须遵循我们认为是最强有力的论证，并且只有自由精神才能理解肯定生命的动机)。这确实把尼采与萨特和德·波伏娃区分开来了，但诚如我们刚才所看到的，这并没有把尼采与克尔凯郭尔区分开来。

“考虑到例外的哲学思考”

第一位倡导生存哲学的是德国精神病学家、哲学家卡尔·雅斯贝尔斯。尽管他有关尼采的著述颇多，对克尔凯郭尔却所言甚少，但后者可能对他的影响更大。雅斯贝尔斯是第一个把尼采和克尔凯郭尔并列起来的重要思想家。尽管尼采和克尔凯郭尔对上帝的看法相互矛盾，但雅斯贝尔斯仍把他们看作是黑格尔之后19世纪主要的思想家，并且认为，他们的著作更加有效地为20世纪的欧洲思想奠定了基础。1935年随着纳粹政权加紧控制德国的社会和文化，雅斯贝尔斯这位勇敢的反纳粹人士在公开讲演中作了如下发言:“考虑到哲学思考和现实生活的境遇，克尔凯郭尔和尼采阐明了即将发生的灾难，当时无人意识到这个灾难(除非作为瞬间的很快被遗忘的预感)，但对他们来说这个灾难是显而易见的”。这个灾难就是雅斯贝尔斯所说的为了科学知识的纯粹形式而贬低生存。因并未陷入非理性主义，并且凭着对强力应有的尊重以及对指导我们生活的理性界限的尊重，克尔凯郭尔和尼采都批评各种“系统”的论述，像黑格尔对我们神秘、混沌的生存状态所作的论述那样。克尔凯郭尔和尼采都向个体言说，向那些有一种能理解和接受他们学说精神的人言说。正是在此意义上，克尔凯郭尔引证了18世纪德国科学家、讽刺作家乔治·克里斯托弗·利希滕贝格尔的警句：“这样的作品是镜子；假如猴子偷偷朝里一看，那么，任何使徒都不能偷偷朝外张望了”。[1]

在雅斯贝尔斯眼中，克尔凯郭尔和尼采这两人都在他们生理和心理的承受力之上追寻诚实、承诺和“本真真理”这样一些价值。他们真的是例外，值得我们钦佩，但不能仿效。雅斯贝尔斯似乎说，没有人必须殉道。像苏格拉底一样，克尔凯郭尔和尼采都践行他们学说的本真性、并忍受着由此带来的痛苦。他们的生活就是雅斯贝尔斯所说的“毁灭”。作为一种警示，他们的生活过于离经叛

1 这是德国讽刺作家利希登堡的著名格言，强调个体的阅读和理解能力。

道，我们不应仿效，但他们却是我们应该仿效的德行的典范。这使雅斯贝尔斯从他们的生活中汲取了灵感：“从事哲学思考要考虑到例外，但不要成为例外”。

第三章

人道主义：赞成与反对

我想，英勇和神圣并不真正吸引我。

我所感兴趣的是成为一个人。

阿尔贝·加缪：《鼠疫》

如果当今有人道主义，那它本身就摆脱了幻想，瓦莱里在谈论始终作为我们先决条件的那个人的内心深处存在的微不足道的人时极妙地指明了这个幻想。

莫里斯·梅洛-庞蒂

1945年10月29日，萨特发表了题为“存在主义是一种人道主义吗?”的公开演讲，该讲演不久就成了存在主义运动的宣言。无论如何，这都是知识界的一件大事。它确实点燃了存在主义运动的火焰，这个运动从塞纳河左岸的咖啡馆和巴黎歌舞剧场传播到欧洲乃至全世界类似的场所。萨特向挤得水泄不通的人群发表的这篇演讲简明扼要地概述了萨特存在主义的显著特征:“存在先于本质”的观点。考虑到萨特观点被假定为无神论,我们似乎可以得出结论说,该由个体去创造他们自己的价值,因为宇宙中并不存在他们可据以指导其行为的道德秩序;这种自由本身就是一个人可以追求的终极价值(如萨特所说,“无论选择什么,我首先选择的就是自由”)。阅读过萨特两年前出版的杰作《存在与虚无》的人都能理解这一点。但这本晦涩难懂的长篇巨著并非严格意义上的畅销书,它就像达尔文的《物种起源》一样,更多的是被引用,而非被阅读。

之所以有必要发表这篇讲演不仅是因为它能使存在主义鸿篇巨著的许多基本观点更容易为普通大众所知,而且它还能回应共产主义者和天主教徒对萨特的批评。萨特的这些主要批评者认为,存在主义这种新哲学体现了资产阶级的个人主义,对饱受战争蹂躏的欧洲社会所感受到的对社会正义的要求完全麻木不仁。换言之,这位存在主义思想的主要代言人必须要回应这样一些看法:他的思想是一种精神鸦片，使人陷入自恋，转移了年轻人要担负从法西斯悲剧的废墟中重建一个正义社会这一使命的注意力。假使存在主义未能提出一种切实可行的和目标明确的社会哲学，那么，它就会丧失大多数公众对它的信任。

这样一个使命几乎不可能在一个晚上的讲演中完成。这一简短发言的优点和缺点都在于它试图这样去做。萨特说，除非每个人都自由，否则没有人能真正自由（而不仅仅是《存在与虚无》中所说的个体的抽象自由），萨特诉诸的是康德的普遍原则伦理学（克尔凯郭尔的亚伯拉罕为了一个更高的目的而把这些普遍原则悬置了起来）。萨特强调，“我在选择时，我是在为一切人选择”。萨特用明显带有康德语气的言辞要求，每个行为者都应该对他自己说：“难道我有权这样行为，使人类都按照我的行为来约束自身吗?”这似乎表达了一种对他人，甚至对整个社会的责任感，这不同于他先前的观点。当萨特断言在每个道德选择中我们都形成了我们想要成为的那类人的形象，并且确实是任何有德之人都应该成为的那类人的形象时，他就引入了另一种伦理原则：“因为实际上，在创造我们想要成为的人时，我们的行为同时也在创造我们认为一个人应该成为的那类人的形象”。不管这些原则对构建一个社会伦理来说多有用，但它们似乎都无法从萨特那时已出版的著述中推导出来。从他随后关于社会存在论（参见第五章）的著作来看，这些评论都具有预见性。但这些旨在使个人主义者免受马克思主义者和宗教批评家批评的评论与整个演讲内容完全不匹配。实际上，我们现在所看到的就是萨特的自言自语，“天马行空般地”进行哲学思考。这篇讲演的内容前后不一致，虽说它有助于我们追溯其思想发展历程，但对他本人来说，却是一大累赘。实际上，他曾经公开表示，这是他唯一后悔出版的著述。具有讽刺意味的是，大家阅读的似乎正是这篇哲学著述。

在论证存在主义是一种人道主义哲学时，萨特认为存在主义把人置于其关注的中心和价值等级的顶点。虽然萨特在这篇讲演中提到了有神论存在主义者，并引雅斯贝尔斯和马塞尔为证，但他们却难以在讲演的主干部分拥有一席之地。相反，萨特坚持认为，终极价值和我们努力的目标应该是增进个人自由，即增进个人具体的选择的可能性。他暗示，不应为了任何“更高的”价值而牺牲创造性自由，无论这种价值是马克思主义者的“阶级”，还是宗教信仰者的“上帝”。这和尼采在《人性，太人性》一书中所说的“自由人”形象相呼应。当萨特强调一个人必须“选择，这便是创造”时，他并不是说要“随意而为”。恰好相反，萨特指的是一种负责任的赞同或反对自由的决定。

加缪赞同萨特和尼采的观点，即不管我们的世界有什么样的意义，它要么是由个人单独创造，要么是由处于社会关系中的个人创造。他认为，这正是我们“畏”的源头：我们渴求由关爱我们的宇宙所赋予的意义，结果却发现宇宙只是一个空洞的天空。面对他所说的这种“荒谬”境遇，我们要做什么？加缪在解释希腊的西西弗斯神话时给了大家一种存在主义的安慰。西西弗斯是一个凡夫俗子，诸神罚他把巨石推上山顶，但巨石又滚落下来，循环往复，永无休止。可是，加缪宣称，当西西弗斯在山脚下重拾巨石时，他却是幸福的。为何说西西弗斯是幸福的呢？这是因为西西弗斯超越了他的命运，这不是因为消极的放弃，而是仰仗谨慎的选择。他由此表明他自身优于没有生命的巨石。用尼采的话说，他已把“已然如此”（他的过去，他境遇的已知事实）转变成了“如我所愿”。

面对这个有关生命终无意义的寓言，加缪劝告说，我们唯一的希望就是承认并不存在最终的希望。像古代的斯多葛主义者一样，我们要意识到我们终有一死，因此必须要限制我们的期望。

人道主义与无意识

萨特人道主义的符咒，为加缪和德·波伏娃所仿效，其含义就是人总能从已经所是的一切中创造新的东西。这样，几乎众所周知的存在主义者的“悲观主义”就包含了一个深切的（即使有限的）希望。这就是加缪《西西弗斯神话》的寓意，尼采的拥抱命运[1]也是一样。萨特拒斥弗洛伊德无意识观的主要人道主义后果就是，这样的驱力和力量剥夺了我们的自由和责任。

并非所有的存在主义者都如此怀疑无意识。我们发现克尔凯郭尔笔下的威廉法官谈到了无意识的选择和隐秘的力量。鉴于尼采的论断涉及到非理性的本能和驱力，人们

1 拥抱命运（amor fati），也译为“爱命运”，这是对待生活的积极态度。尼采把“命运之爱”看作个体最内在的本性，人类所具有的伟大之处。

图7　唯一的希望就是知道没有（终极的）希望

可以理解弗洛伊德为什么承认，尼采在几个方面的预见都先于他作出。如果海德格尔被认为漠视精神分析，那么，他仍然在好几个场合应他的好友、瑞士精神分析学家梅纳德·博斯之邀向一组精神分析从业者发表演说。实际上，路德维希·宾斯万格发展出一种基于海德格尔概念之上的有影响的精神分析法。梅洛-庞蒂对待无意识的态度似乎模糊不清。确实，他认为对弗洛伊德本人来说，无意识并不是一个论述充分的观念。他相信弗洛伊德的术语接近于其他思想家们所说的“模糊的知觉”或“非反省的知觉”（这样命名更为恰当），萨特也赞同这个观点。总之，梅洛-庞蒂毕生都尊重弗洛伊德的精神分析，即使萨特众所周知的反对意见也受到了质疑。正如他以前的学生和杰出的精神分析学家让-伯特兰·蓬塔利所说，萨特与精神分析相交长达30年，他们之间的关系错综复杂，琢磨不透：既相互吸引，又相互排斥，但终有一天他们之间的关系会被重新改写，萨特的著作也会从这种关系的视角被重新阐释。卡尔·雅斯贝尔斯是一位精神病学家，萨特在20世纪20年代帮他把其主要著作《普通心理病理学》翻译成了法文。雅斯贝尔斯讨论了“人类意识无法接近的基础”。

但弗洛伊德的无意识却引起了他们的愤怒。雅斯贝尔斯像萨特一样批评了弗洛伊德的观点，即“人是其无意识的傀儡，但当人理解了无意识后，人就会成为他自己的主人”。与此相对照，雅斯贝尔斯反驳道：

“在基督教长期盛行之后，一个真诚的思想家的自我反省，在克尔凯郭尔和尼采那里达到了顶峰，但这种自我反省在精神分析中却退化为对性渴望和典型的儿童经验的发现；这种精神分析通过在众所周知的必然性领域中发现我们熟知的类型，而掩盖了真正的但危险的自我反省。在这种必然性领域中人类生活的低级层面被认为具有一种绝对有效性。”

于是，在这个群体中，只有梅洛-庞蒂表现出对弗洛伊德的无意识及其由精神分析学家雅克·拉康（1901—1981）提出的法国结构主义版本的无意识的强烈兴趣。为了避免人们得出结论说，对弗洛伊德无意识的接受与存在主义人道主义格格不入，人们就应该注意到尼采式的“自我克制”的可能性。精神分析设法实现这种可能性，而雅斯贝尔斯却质疑这种可能性。对人们期望一个具体的和处于某种社会境遇的行动者能拥有怎样的一种自由这一问题一直就存在着争议。存在主义者在这个问题上似乎也各执己见。

是另一种人道主义吗？

我尚未详细讨论马丁·海德格尔的思想。他的许多追随者甚至坚决主张，这位重要的欧洲哲学家根本不是一位存在主义者。必须承认，海德格尔确实说过，他的兴趣在于存在的意义，而非克尔凯郭尔和萨特所关注的伦理或心理问题。他在其主要著作《存在与时间》（1927）中设问："存在意味着什么?"他后来的著作极富诗意（虽不能说神秘），致力于消除那些我们文化和个人生活中影响他所说的存在-事件得以发生的障碍。换言之，贯穿其学术生涯，海德格尔都在批评那些专注于本质与生存、原因与结果、主体与客体这些形而上学问题和人性理论的人，他们使我们无法接近存在本身。

在他著名的《致人道主义的信》（1947）中（该信明显是为了答复刚才提到的萨特的讲演），海德格尔批评了传统人道主义把"人"定义为"理性的动物"或"被赋予了语言的动物"。在海德格尔看来，这样的想法低估了人，并易于导向某种技术社会。这种技术社会依据生产性来定义人，并依据个人的或社会的功利来评估一切价值。海德格尔认为萨特并没有摆脱这种传统的形而上学及由此而产生的哲学人类学的窠臼。"人"的荣耀（或海德格尔所说的"此在"，意味着人的存在方式）就是他向存在敞开。人应该能在世上为海德格尔所说的存在的发生保留一席之地。在海德格尔后期作品的一个著名表述中，他把人/此在称作“存在的护卫者”。保持敞开、倾听“感召”、关注不为日常琐事困扰的“神圣”的一面都是人的荣耀。海德格尔建议，我们应当“诗意地栖居”，而不是纯粹以实用主义方式行事。如果人们接受这个忠告，那么，后期海德格尔可被看作是在宣扬“真正的”人道主义。这种人道主义强调人最深层的可能性。这就是他在《致人道主义的信》中的观点。

马丁·海德格尔（1889—1976）

海德格尔在德国西南山区长大，他从未失去对大自然的热爱或对简单生活的尊重。他受教于布赖斯高的弗莱堡大学，后担任埃德蒙德·胡塞尔的助手，他的第一部著作《存在与时间》（1927）被他的同事们看作是天才之作。该书引入了一种解释学现象学，这种现象学不同于正统的胡塞尔现象学。在胡塞尔的推荐下，海德格尔接替他担任了弗莱堡大学的哲学教职。人们对海德格尔之后卷入民族社会主义（纳粹）政党的事仍颇有争议，但他作为主要哲学家的名望却不可动摇。

但我们应该补充说，海德格尔的这些看法似乎和存在

图8　海德格尔、花园和远处的森林

主义论题以及我们迄今正在讨论的话题并不相关。实际上，早期的海德格尔（即写作《存在与时间》时的作者）

用了许多克尔凯郭尔和尼采的概念来说明我们如何接近我们早已略知一二的“存在”。他使用了“诠释学的”（或曰解释学的）方法来厘清我们对这个基本概念的模糊认识。海德格尔对这种“前理解”意义的解释凸显出他和存在主义者的关联。尽管我们在最后一章将详细探讨这个话题，但我们应该注意到，像“畏”（即存在主义的焦虑）和前面讨论过的绽出的时间性这样的概念主要出现在他的早期思想中。我们必死的时间性（即我们的向死而在）这个观念也是如此。认识到和积极接受这一观念可以使我们面对我们不再存在的这一可能性，从而使我们的有限性具体化，使我们向存在的意义敞开。

在《赫尔索格》一书中，小说家索尔·贝洛[1]通过摩西·赫尔索格这个人物的反思捕捉到了海德格尔的洞见：

“但这一代人的哲学是什么呢？不是上帝死了，这一论点很久前已经过去了。也许应该说死亡是上帝。这一代人认

1 索尔·贝洛（Saul Bellow），美国当代犹太作家，1976年获诺贝尔文学奖，多次获得美国国家图书奖。赫尔索格是他的小说《赫尔索格》中的一名犹太知识分子，在他身上展示了现代知识分子的处境与命运的关系，阐发了当代知识分子精神异化的成因和心灵回归的路径。

为——这就是它对思想的思想——忠诚的、敏感的、脆弱的都不能长久或具有真正的力量。死亡等待这些东西，好比水泥地板在等待落下的电灯泡。易碎的玻璃灯泡随着爆裂就失去了它细小的真空，这就是一切。这就是我们如何彼此讲授形而上学。”

但真正使海德格尔感兴趣的是存在论（对存在的探究）而非形而上学（对用来整理我们思想的终极范畴[1]的研究）。我们个人的必死性具有把我们分散在日常关切中的忙碌汇聚起来的力量，具有一种“人道主义的”意义。萨特认识到了这一点。但海德格尔认为，存在主义者把注意力放在了我们必死性的道德和心理层面，而不是它揭示存在意义的力量，这就是只见树木不见森林。

总之，不管如何描述海德格尔整个的哲学构想，人们都很难否认下面这两点：他对存在主义运动作出了巨大贡献；他的早期著作经得起“存在主义”富有创造性的解读。

1　终极范畴（ultimate categories），或译“最高范畴”，这些范畴主要涉及超越感官知觉的内在实在，不同哲学家对内在实在有不同理解。

创造性自由与创造性忠诚：有神论人道主义

我们看到萨特在他的讲演中简明扼要地提及了有神论存在主义，继而用似乎排除或至少低估上帝信仰的言辞讨论了存在主义。但并非所有的人道主义者都是无神论的。实际上，有神论者以一种类似于海德格尔的方式提出，由于无神论把人仅仅归结为是自然的产物而无内在的价值或终极的希望，因而低估了人的真正价值。再有，最为人关注的还是以后的存在主义者赋予个体的那种自由或自主。无神论者宣称，这种自由是绝对的。他们强调，不管人把上帝看得有多完美，这都是以牺牲人的完美为代价的，神学只是颠倒了的人类学。尼采关于上帝之死的论题导致他提出一种伟大的无神论，人凭着这种无神论不顾宇宙的冷漠，像西西弗斯那样坚定前行。

相反，有神论者则坚持认为，人类的明显特征就是他们并不仅仅是向海德格尔的存在敞开（尽管有人会以含糊的有神论方式来解释海德格尔），也向进行理解和表现关切的上帝敞开。对有神论者来说，自由是真实的，但却是受造之物。他们把世界和我们的生存看作是一种恩典，鼓励我们充满爱心地回应。我们相应的态度应是马塞尔所说的对这一恩典的“创造性忠诚”。和海德格尔一样，马塞尔拒斥对技术世界的崇拜以及培育了这种技术世界的数学式思维。（海德格尔论证说，技术在当代社会中取得统治地位，大自然和人类被简化为纯粹的“资源”，这些都是几个世纪以来我们遗忘“存在”和我们控制欲发展的逻辑结果，这一点在尼采的强力意志学说中臻于顶峰。）与加缪拒斥任何终极希望形成鲜明对比。马塞尔关注的焦点恰恰汇聚在人类希望的细微差别上，这个希望与对他者允诺的信任和信仰有关，而与某种非人格力量的可靠保障无关。似乎专为反对加缪的立场，马塞尔强调，从形而上学上讲，唯一真正的希望并不在我们自身，这种希望源于谦逊而非骄傲。

加布里埃尔·马塞尔（1889—1973）

巴黎人，终其一生都住在巴黎，他首先把“存在主义者”这个术语用于萨特。因反抗当时占统治地位的观念论哲学[1]，他

1 观念论哲学（idealist philosophy），或译为“唯心论哲学”。这是一种极其重视抽象观念的研究，强调抽象观念是知识的真实对象，主张观念先于物体，观念是事物存在的依据。

图9　马塞尔，希望哲学家，看上去很慈祥

想成为一位实在论哲学家。除了享有盛誉的吉福德讲座（该讲座内容以《存在的神秘》（1950）为名出版），他的大多数哲学著作，从《形而上学日记》（1927）开始，都具有沉思默想的风格。作为皈依天主教的信徒，他保持了一种很深的宗教情怀。他展现出哲学与想象文学之间的一种存在主义式的统一，他认为自己的哲学思想或许最好地体现在他已出版的30多部戏剧中。

图10　卡尔·雅斯贝尔斯和他的世界

卡尔·雅斯贝尔斯详细阐明了一个名为“哲学信仰”的概念。他说这种信仰既不同于启示宗教的信仰，也不同于无神论。这种信仰包含了一种把“超越性”看作是我们自身生存最深的潜力所在的态度，同时它还表达了我们在“界限境遇”[1]中的有限性体验，这些体验包括痛苦、内

1　鉴于“痛苦”、“内疚”和“死亡”这些都不是正常的境遇，雅斯贝尔斯称之为“界限境遇”或“极限境遇”。

疚和死亡。雅斯贝尔斯的作为一种界限境遇的死亡概念类似于海德格尔的“向死而在”，它促使我们去关注一个我们无法概念化的生存维度。以此方式，而不是通过标准的理性论证，我们就间接地接近了超越性。对雅斯贝尔斯来说，超越性就是奠定我们生存基础的绝对他者。像马塞尔一样，雅斯贝尔斯把生存看作是他称之为超越性的不可对象化的存在的赐予；像海德格尔一样，他强调，超越性只向生存展现它自身（生存像海德格尔的“此在”那样起作用，即意指人类存在方式）。只有人类才会思考他们为何生存。这就提出了我们的偶然存在这个典型的存在主义问题。

卡尔·雅斯贝尔斯（1883—1969）

出生于德国奥登堡的富裕家庭，早年学医，他的第一部主要出版物是《普通心理病理学》（1913）。不久后他的兴趣转向哲学，出版了《世界观的心理学》（1919），并在1921年接受了海德堡大学的哲学教职。他第一个把他的探讨称作“生存哲学”。这是一种有神论存在主义，关注像痛苦、内疚和死亡这样的界限境遇。体验这些界限境遇，既能感受我们的有限性，又能体会到他所说的“超越性”或是对我们生存基础的暗示。纳粹认为他“在政治上靠不住”，所以在1937年革去了他的教授一职。

偶然性的体验

为萨特赢得早期名声的著作就是他的哲理小说《恶心》。在一个经常被引用的段落中，他笔下的人物安东·罗克丁坐在公园长椅上注视着一株栗树根：

“(这个领悟)它使我透不过气来。我是最近几天才懂得‘生存’意味着什么……我们就在那儿，我们一群人，笨拙，被我们自己的生存弄得尴尬不已，没有理由在这儿而不在那儿；我们感到迷惑不解，茫然地焦躁不安，彼此感到多余。多余是我能在这些树、这些树篱、这些通道之间确立起来的唯一关系。我徒劳地努力数着栗树的数目，或者计算着它们与韦勒达间的距离，或者比较它们与水榆树的高度；它们中的每一个都逃脱了我为它规定的样式，溢出了这个样式或从这个样式中退缩了。而我也身处在这些树中，卑微地、懒洋洋地、令人讨厌地、反复思考着我的想法，我也是多余的。

[我是你、是我或是任何一个人。] 幸运的是，我并未感觉到这一点，我只是理解这一点，但我感到不适，因为我害怕感觉到它……我模糊地想到要杀死我自己，至少杀死某个多余的生存物。但我的死亡——我的身体，我的鲜血倾泻在这片沙砾上，在这些植物中间，在这个欢快的公园中——也将是多余的。我永生永世都是多余的。”

同索尔·贝洛对“落下的电灯泡”的描述一样，这段想象性的描述在好几个方面都构成了一种存在主义的“论证”，同时也展现了存在主义哲学与想象性文学之间的密切关系。这段描述既没有证明也没有解释什么，但它使我们通过他人的感受间接地去体验，去审视（像胡塞尔说的那样）；这就是说它阐明了一种我们得以共鸣的经验：“是的，它就是如此”。在目前的情形中，这个体验是关于我们自身偶然性的体验，关于我们所是以及我们不必如是的这样一个纯事实性的体验。但必须指出，这里所说的事实并不是指，如果我们的父母不曾相遇，“我们”就不会在这儿这样一个显而易见的事实。相反，各种类型的存在主义者诉诸这个在哲学上反复出现的洞见，这种洞见确定了我们是“什么”和我们是“那样”之间的区别，并强调了我们对非必然性的体验。我们如何理解这一点呢？

正是存在主义的人道主义维度才使存在主义者认真应对我们纯粹这样存在的事实。正是对“我们为何生存？”、“为何存在着什么而不是什么都不存在？”这些问题的不同回答才把有神论者与无神论者区分开来。罗素等哲学家否认了这是个有意义的问题。和这些哲学家不同，存在主义者，无论是有神论的还是无神论的，都非常严肃地看待这个问题。我们看到，加缪要求我们充分利用荒谬的境遇。萨特会同意罗克丁的说法，我们的生存仅是一个无情的事实，我们都是多余的。他们两人都赞同萨特剧本《密室》中西西弗斯的最后台词，“好吧，让我们继续下去吧”。[1] 我们并不因为不存在终极希望就失去了所有的希望。西西弗斯的智慧就在于他并没有把石头放那儿原地不动，而是推动石头！这就是鼓励去追寻有限的但可及的善——就像

1　这是萨特剧本《密室》中的最后一句台词，出自加尔散之口。在萨特看来，“他人即地狱”，冲突是人与人之间关系的根本形式，人与人之间的关系永远是这样无谓地维持下去的。此前两句的台词是，剧中人物艾丝黛尔大笑着说：“永远在一起，我的上帝，这多么滑稽！永远在一起！”加尔散看着艾丝黛尔和伊内丝也笑着说：“永远在一起！”加尔散最后一句台词就是继续相互冲突下去的意思。

古代的斯多葛主义者那样。

对超出我们力所能及之事的希望就是在质疑我们的基本价值或限制我们的可能性吗？有神论者专注于使人在希望和梦想中超越自身局限的内在动力。在谈论萨特小说的这个段落时，马塞尔说道：

“我理所当然地认为这种体验是真实无疑的；对这一点所作的说明必须先于对萨特人类学所作的任何分析，我会毫不迟疑地说，这一点就其本身而言似乎是我所无法辩驳的。我们的问题——这是一个困难的问题——是要把什么价值归于它。”

我们的生存仅是一个我们必须应对的无情事实，还是一份我们应怀着感恩的心而接受的馈赠呢？马塞尔提出另一种观点，他认为萨特体验到的树根以及他自身生存的有形性“不是存在的过剩，而是一种基本的和荒谬的存在”。相反，马塞尔体验到的却是存在的一种奇妙的丰盈，一个有趣的古代柏拉图原则的例证。这一原则认为，善就像爱，渴望被传播，就像美的体验，要求被分享。

人道主义与自由（梅洛-庞蒂）

萨特的讲演影响甚大，由此引发了一场争论，在这场争论中，萨特的朋友、志同道合的哲学家梅洛-庞蒂发表了一篇名为“对存在主义的战斗”的文章，这篇文章为这场争论奠定了人道主义的基调。他认为，问题“是要知道自由起了什么作用，我们能否赋予它一些东西，同时又不把一切东西都赋予它”。这个冷静的评论清楚地总结了争论的问题：人类在物质和文化世界中的适当位置是什么？存在主义反对唯物主义者，尤其是马克思主义的辩证唯物主义者。存在主义坚持认为，人类不只是物理、心理和社会力量的总和。这个“不只”就是我们的意识，我们凭借意识就能评估和回应这些力量。但存在主义者也反对“唯灵论者”，认为他们是宗教左派。就像我们今天常说的，存在主义者强调我们的处境性，这种处境性始于我们的具体化[1]，而这种具体化赋予了我们一种视角，并挫败了任何想把我们的生存挥发为在世上盘旋的自由飘浮的精神的企

1　具体化（embodiedness），强调个体所处境遇的存在主义，同时也就高度重视具体、有形，重视意识的知觉和形体问题。

图。如同梅洛-庞蒂强调的（马塞尔也赞同）那样，我并不拥有身体，我就是我的身体。存在主义者设法在这些极端之间理解人的生存。梅洛-庞蒂解释道：

“这个新哲学的优点恰恰是设法在生存这个观念中寻找一个思考我们境况的方式。就‘生存’一词的现代意义来说，它是这样一种运动，人通过这种运动而处于世上，并使自身涉入一个物质的和社会的境遇之中，这种境遇随后成为人观察世界的视角。”

像笛卡儿哲学那样的古典哲学主要是通过知识来把我们与世界关联起来。我们看到存在主义者如何拒斥胡塞尔在其现象学方法中对这个笛卡儿偏见的延续。存在主义宣称，我们通过一种存在关系而处于世上，在这个关系中，具有悖论意味的是，通过某种交流，主体就是我们的身体、我们的世界和我们的境遇。正如海德格尔所说，“此在”处于世上，最初是通过其实际关切，而不是通过理论来认知。梅洛-庞蒂通过强调我们身体的首要地位来解释这一点。

虽然梅洛-庞蒂在晚年会超越存在主义，但这一超越因他在53岁时的突然离世而被迫中断。他对存在主义思想的贡献主要在于他仔细分析了我们身体的存在和社会生存的“世界间性”[1]，萨特早年虽说没完全忽视这个概念，但似乎是低估了它。梅洛–庞蒂在实验心理学上的早期工作使他不同于大多数存在主义者。除雅斯贝尔斯外，多数存在主义者似乎都对经验科学不感兴趣。正如我们将在第六章中看到的那样，因从当时新近出现的结构语言学那里得到灵感，梅洛–庞蒂逐渐把语言当作他思考的焦点。如果说这种转变并没有取代他过时的现象学描述，那至少也丰富了它。

1 世界间性（interworld），也可译为“世界之间”，强调的是不同世界的共同特征、交互作用和沟通意向。

第四章

本真性

本真性的选择似乎是一个道德抉择。

让-保罗·萨特

对存在主义者来说，伦理方面的考量至关重要。萨特在加缪去世之际写道，加缪继承了有漫长历史传统的道德家的遗产，这些道德家的著作也许构成了法国文学中最具创造性的一切。当萨特这么评价加缪时，可能也是在说他自己。在萨特看来，加缪坚定的人道主义再次肯定了道德事实的存在，以此来反对他那个时代奉行机会主义的马基雅弗利主义者和缺乏道德感的“现实主义者”。

无论我们考察克尔凯郭尔还是尼采，海德格尔还是雅斯贝尔斯，萨特还是德·波伏娃，马塞尔还是加缪，他们每个人都以各自的方式关注“道德事实”。这一事实就是，我们肩负众多义务，拥有很多价值观，这些义务和价值观并不是一系列有关世界客观事实的逻辑结论。用哲学家大卫·休谟（1711—1776）的话来说就是，如果没有先前引入的另一个有关义务的论断（至少不言明地被引入），那么任何有关事实的论断都不能用来证明一个有关义务的论断。例如，如果你的结论是某人不应杀人，你提出的禁止杀人的理由中至少有一个必定是谋杀属于不应为之之事。人们可能会推断说，谋杀是有预谋地、不正当地谋害他人性命，是人们不应做出的不正当行为。即使将不应杀人的理由列出长长的清单，但单子上的某处必定是一条命令或禁令，这就把这张纯粹描述事实的单子变成了一张契约。如同那个已被人说了千百遍的观点所总结的："应该有怎样"的道德价值或道德义务不能仅仅通过勾连非道德词项、描述事实"是怎样"得来。[1]对于尼采的问题"为何要有道德?"（克尔凯郭尔的唯美主义者也提出过这个问题），人们不能给出像"它会使你幸福"这样与道德无涉的回答。当宣称道德自身就是其目的时，这样一种回答会使道德变

1 道德判断说的是一个人的行为"应该怎样"（ought to be），而事实判断则陈述一个人的行为"是怎样"（is）。

成他物的工具，在上述情形中，道德就是幸福的工具。克尔凯郭尔的“悲剧英雄”不会幸福，罗马执政官布鲁图斯在判处有罪的儿子死刑时大概也不会感到幸福。这通常被称作道德王国的“自律”。存在主义者继承的就是康德遗产的一部分——当然，他们各自的继承方式有所不同。

就萨特而言，故事的道德寓意就是，每一故事始终有其道德寓意。我们回想一下，萨特曾经坦诚地说道，他的使命就是要让资产阶级感到内疚自责。这并不是因为萨特是一个爱指手画脚的说教者。相反，萨特坚持认为，我们每个人都要承认我们现在全心投入所做的一切都是对的。克尔凯郭尔笔下的船长在船按照当时航向继续航行时，对是否要转向一直犹豫不决。和这个船长一样，我们也被要求要勇于承认我们作出的定义自身的选择；要使这些选择成为我们自己的选择，并通过承认我们的所是[1]而成为我们自己。这是尼采的“成为你所是的人”这个要求的一种形式。这是一件体验有关我们自身、有关我们作为人类所处状况真相的事情。在萨特看来，非本真的人活在谎言之中。

1 “我们的所是”（what we are），或者“我们所是的样子”；系动词“to be”，本意即为“是”，也译为“存在”。

有关我们境况的真相是什么？我们如何体验这个真相？诚如我们将要看到的，尽管明显包含事实的成分在里面，但本真的人所要体验的这个真相却主要是一种生活方式、一种生存的方式。在这方面，它类似于克尔凯郭尔的主观真理，作为占用的真理，作为“使之成为自己的”这样的真理，其重点在“如何”上，而不在“什么”上。但不同于那种有关客观不确定性的主观真理，萨特的本真性基于人类状况的一个事实性真理之上，即便这种本真性包含了个人打算以自己的方式实践未来不确定性的意愿。

但提到本真性的事实基础，这又让我们回到了人道主义的基本问题：人类是什么？如果有的话，是什么把我们与自然中的其他一切区分开来？我们看到，海德格尔对这个问题的回答与传统的回答不同，在他看来，传统的回答低估了我们人类。不过，正是海德格尔给出了“本真性”（德语的*Eigentlich*，也译为“真实的”，从词源上讲应译为“自己的”或“本己的”）一词的专门用法，不久后这就被看成是存在主义的主要贡献。萨特承认他从海德格尔那里借用了这个词。尽管海德格尔强调，“本真性”这个词及其反义词“非本真性”并不具有道德意义，但萨特并不这样认为。另一方面，“真诚”及其反面“不诚”这些相关的表述都是萨特的标志性语言，虽然海德格尔断言它们明显具有道德意义，萨特却否认了这一点。实际上，他们两人都错了，或确切地说，他们二人都不愿承认，不管创造者各自的本意如何，这些术语都能轻易地用于道德领域。

境遇中的存在

既然我们弄清楚了关于我们境遇的存在真相及其伦理意义，我们就从“人类在境遇中生存”这个存在主义的洞见开始讨论。这一洞见不仅意味着我们不是飘荡在物质世界之上的游魂，就像展翅飞跃水面的鸟群那样；在境遇中生存还强调，我们是这个宇宙及包容这个宇宙的文化世界的组成部分。我们虽不及天使，但又胜过机器。境遇是萨特所说的“真实性”[1]和“超越性”的一种模糊混合。

1 在萨特那里，“真实性”（facticity）是关涉到一个人或被给予一个人身份的一组自然和社会事实，体现了人类生存的有限性，属于萨特所说的“自在存在”。但这种有限性并不能决定一个人的自由和筹划，反而是个体作出自由选择的依据。

“真实性”指的是我们境遇中的已知事实，像我们的种族和国籍、我们的才能和局限、我们要与之打交道的他人以及我们先前的选择。“超越性”（或说是我们意识对已知事实的超越）指的是对我们境遇的接受方式，即我们如何勇敢地面对这个真实性。如果我们从动态的意义上来理解，那么，超越性就有点像意识的“意向性”那样起作用。某些天生身体残疾的人会以积极和建设性的方式应对挑战，而其他人则会被这种伤残压垮。萨特承认，“境遇”这个表述从下述意义上来说是模糊不清的，即人们无法确定境遇中被给予的和发生的一切的确切作用。例如，我未能成为一位外科医生，这在多大程度上归因于我缺乏知识和身体技巧或我贫困的社会经济条件（真实性），在多大程度又归因于我精神上的懒散和缺乏自律（超越性）？但是，如同西蒙·德·波伏娃所指出的，从一开始，存在主义就把它自身定义为一种模糊性哲学。这些主观的和客观的因素不能被精确地测量和评估。实际上，已知的事实和对这些事实的接受方式的这种模糊性渗入了我们的个人生活和社会生活中。如同亚里士多德警告我们的，去探寻一个比研究主题所能允许的更大的清晰度，那就是一个错误。你在道德问题上不能去追求一种数学的精确性。存在主义者把这一点应用于生命本身。检验生活，以便消除一切模糊性，这会类似于剪影制作者对一幅印象画的处理方法。梅洛-庞蒂是关于模糊性的杰出哲学家。没有人比他更坚决地强调人类境遇的根本模糊性。

海德格尔所说的我们“淹没”在日常世界中必定包含了这两个方面。想到人类生存的根本时间性维度，人们就能把真实性和超越性这种二元区别分别描述为我们绽出的过去和未来。海德格尔是第一个对我们绽出的时间性作出三项区分的，1）作为真实性或“沉沦”的过去（我们不是白板一块地来到世上，而是早已有一个过去）；2）作为“凸显”或“绽出”的未来（我们生活在“未成”和“可能”之中）；3）淹没在我们日常关怀中的现在。

在这三个绽出的维度中，作为可能的未来这个维度最为重要。我们都是“可能”的创造物。正在戒酒的嗜酒者想“过一天算一天”，但即便这样，他们也不能避开未来的幽灵。正如萨特所说，改过自新的赌徒每当接近赌室时，必定会重申其承诺。存在主义的“畏”是我们对作为我们自由之焦点的可能性的体验。过去有一个笑话说，一个人从一座高楼坠下。当他快速经过30层楼时，有人大声喊叫“你在干什么?”，他乐观的答复是“到目前为止，一切顺利!”既富悲剧性又令人好笑的是，这个人忽视了对他的境遇来说至关重要的可能性维度。这种可能性以重力加速度逐步减小。

如同我一开始所说，存在主义者把时间和空间都个人化了。科学的空间和时间，如亚里士多德把时间看作运动的尺度或者爱因斯坦的时空连续体，都是从生存的空间和时间的生活体验中归纳出来的。假如我们没有关于时间的流逝和空间的浩瀚这种原初的未量化的体验，那么，我们就不能从任何东西中归纳出这些科学概念。这些科学概念就不会对我们的生活发生长远的影响。但鉴于海德格尔运用这些体验揭示出存在在其中发生的时间镜域（对海德格尔来说，存在并非是永恒的），而萨特则更直接地想要强调我们对生活中必然充满模糊性的境遇的责任。无论我们的境遇是什么，都总是包含着超越的可能性。如同我们前面所说，萨特人道主义的符咒是，你总是能从你已是的状态中成就某事，因为你始终超越你的真实性。

双焦意识

萨特认为意识是由前反省和反省两个方面组成，这对于他的境遇观念以及因这个观念而成为可能的自欺观念来说很关键。从根本上说，意识指向对象（意向性的），并无掩饰。它不含盲点。当你阅读这些语词时，你就意识到它们的意义在于你正试图理解的一连串论证之中。你前反省地意识到了这个论证。如果某人以“你在干啥?”这样的问题打断了你的阅读，你可以反省地回答说“我正在阅读”。尽管你的意识最初指向你正在理解的论证，但你的反省意识现在却指向主体（“我”）和一个客观事件“在阅读”。萨特的意思是，原初的、前反省的意识只是隐含地（即非位置性地）有自我意识；但却明确地（位置性地）意识到了书中的论证。但主体仍然出现在对客体的明确意识中，尽管似乎是在幕后，否则人们不可能（反省地）回答说“‘我’正在阅读。”[1]

1 为克服近现代哲学的主客二分，萨特在《自我的超越》和《存在与虚无》中区分了前反省意识（对对象的直接意识，这是一种非位置性的关系）和反省意识（对意识的意识，这是一种位置性的关系），强调意识是无我的，反对先验自我介入到纯粹意识之中，从而在意识之内超越主客二分。

人们在手术前通常都要被全身麻醉，阻塞前反省意识，从而使反省意识得以空置。换言之，对“在手术期间你感觉到什么?”这个问题的回答就应该是“没有感觉”。并没有有意识的、前反省的“经验”可供病人去反思。正如萨特所说：“对一个对象的位置性意识同时就是对自身的一种非位置性意识。”通过诉诸自我对自身的一种直接的非认知性关系（非位置性的自我意识），萨特断言，我们在每一个意识行为中都始终隐含有“自我”意识，并且这种隐含的自我意识有时会通过随后的反省而凸显出来。这就是我们对先前两个问题答复之间的差异：当我有意识地阅读此书时，我隐含有自我意识；但当我无意识地躺在手术台上时，我甚至连隐含的自我意识都没有。

这一论述既有道德意义，又有认知意义。首先，无需弗洛伊德的无意识来强调或遮掩我们有意识的行为，损害我们的责任感。其次，为把握自身的意识，我们能避免无休止的、徒劳无益的对反省的反省。每一个意识行为就其本性来说都具有自我意识，尽管只是一种隐含（即非位置性地）的自我意识。在某种意义上，这也强调了我们的责任。如同萨特强调的，“我们没有借口”。

如果我们用“知识”来指反省意识，那么我们可以说，我们意识到的要比我们知道的多。就像意志薄弱的节食者，即使（反省地）对自身表示抗议，我们还是前反省地意识到我们想拿第二份食物的意向：“我不该这样做”。萨特后来把这个前反省意识称作“领悟”，并坚持认为我们领悟的要多于我们知道的。这便使他能把一些心理分析术语引入他对人类状况的分析，而不用诉诸无意识。诚如上面所提及的，萨特认为无意识剥夺了我们存在的自由。正是这同一个意识的双焦本性才使得自欺无须借助于无意识而成为可能。

从本质上说，由于我们处于境遇之中，又由于这个境遇就像时间和意识那样流逝和模糊，所以，人类也没有稳定的、永恒的身份。无论我们拥有何种身份，它都要么是由外部强加的（如同我们将要看到的，这会使得不诚的一种形式成为可能），要么是由我们不断定义自我的、对存在的筹划和根本的“选择”所维持。这种与我们自我的不协调成为了我们自由的基础，同时也使我们的自欺成为可能。从根本上说，我们是一部创作中的作品，一个撰写中的故事。否认这个事实，就是不诚。

不诚

在萨特的存在主义中，没有一个存在范畴比“不诚”更著名。在日常用语中，“不诚”确实比“诚实”用得更多。这大概是因为，作为一种自欺，“不诚”的适用性更广。海德格尔论证说，我们很大程度上都淹没在日常生活中，忽视了向存在敞开，只是“随波逐流”，即像“常人”那样非本真地生活。海德格尔把这个淹没称作“沉沦”，这明显是暗指《圣经》的原罪观。萨特似乎赞同这样一种观点：我们通常倾向于否认对我们境遇的责任，即生活于不诚之中。这在盛行剥削和压迫的社会中尤其如此。萨特后来也认识到了这一点。实际上，他宣称，《存在与虚无》是对处于异化社会中的个体所作的现象学研究。这些异化社会助长了自欺，这种自欺使我们对由我们实践支持的结构性不公视而不见。在这些情形中，即使我们坚决声明处于诚意之中，这也是在不诚之中作出的宣称，因为它假定我们可以以石头就是石头这样的方式处于诚意之中，即完全等同于我们自身，并免除责任，而我们始终不只是我们自身，因而没有借口。换言之，我们关于我们所是的一切时间化意识[1]总是超过我们的所是，这使萨特能宣称，无论我们可能是什么，我们都处于“尚未成为”的方式之中。正是由时间化意识引入我们生活之中的这个鸿沟促成了我们的自由，并为我们的责任奠定了基础。也是那个著名的存在主义的“畏”的渊源，把我们对自由的不言明的意识看作纯粹可能性的可能性。

受克尔凯郭尔的启发，存在主义者把畏和怕区分开来。鉴于怕有一个明确的对象，例如，有人害怕从悬崖坠下，而畏则是人意识到他可能会从岩架坠下。这种意识让我们知道，我们有权作出任何选择，即使我们的选择并不一定能成功。可是，尽管存在主义通常使用抽象语言，但正如我们看到的，它却旨在成为一种具体的哲学。存在主义所援引的可能性（即便没有特殊对象的可能性）——对自由的纯粹意识——都表示对我境遇中的自由和可能性的意识。诚如萨特所说，“在战争之初主动尽职的新兵也能在某些场合怕死，但通常他是‘对害怕感到害怕’。这就是说面对自身，他心怀着畏。”

1 “时间化意识”（temporalizing consciousness）指的是“在时间关系中得到确定的意识，凸显的是时间的未来向度”。

不诚的"诚"

在转向讨论不诚的两种基本形式之前，让我们先来关注萨特所说的不诚之"诚"，因为不诚之"诚"既揭示了萨特对"明证性"[1]的极高标准，又是解释不诚的关键，这种不诚就是满足于"非劝说性[2]的"明证性。简言之，萨特采纳了一种大致可说是现象学式的明证性知识观，这种知识观把知识看作是对象意识面前的直接呈现。如同我们在第一章中所看到的，意识的意向性把我们直接置于世上，而我们无须假定，我们心中的观念一定要与"外部"世界中的一切相符。他在"肯定的"与"可能的"之间作出了区分，区分的标准取决于这个对象是否在一个直接的"自明的"直观中被反省地把握到，比如人们理解数学证明要点的方式或是当场发现自己的配偶和别人私通，或是相反，取决于追寻的对象是否仅由他物来表明存在，就像人们设

1 "明证性"或"证据"(evidence)，作为重要的哲学术语，一般译为"明证性"，原为"明显地看"、"显而易见"的意思，被用来支持或反对某种主张。
2 萨特把明证性分为"劝说性"(persuasive)和"非劝说性"(non-persuasive)两种，前者指个人从情感上能劝说别人信服的明证性，后者则指不能劝说别人相信的明证性。

法证实科学假设或是注意到丈夫衬衫领子上的口红那样。在前一个情形中，我们的对象本身完全在场；在后一个情形中，我们拥有对象的线索或明证性，但对象本身尚不明显，即尚未被证实。萨特的论点是，一般来说，信念是基于后一种明证性之上的态度，而知识则要求对事物本身作直接的把握——确实，这对知识来说是一个非常高的要求。如果把范围限定在可靠的明证性之内，那么从认知意义上说，这种信念就是“善的”，但如果事先以不充分的明证性为依据，那就是“不诚”的信念。他宣称，不诚就是一个人自发地安排自己的生活，以选定非劝说性的明证性。例如，一旦某人“已爱上”某个特定的人，此人就会搜集明证性来支持他的“决定”，并且（尽管是前反省地）有意向性地忽视相反的明证性，即使他的朋友们会质疑那个人身上吸引他的地方。如同萨特所作的描述：“在人去睡觉时，人就把自身置于不诚的境地，人在做梦时就处于不诚之中。”但由于前反省意识直视的眼睛[1]，人们就意识到已确定了这个非劝说性的证据。人们对仍处于不诚之中负有责任。

1　因为“前反省的意识”是“关于对象的直接意识，没有经过任何形式的中介和反省”，所以此处把 unblinking eye 译为“直视的眼睛”。

不诚的两种形式

我们对自由有一种“畏”，正是出于对这种“畏”的逃离才激发了我们的不诚。正是人类既具真实性又具超越性的二元性才使不诚成为可能。不诚就是设法否认其中的一极，来逃避两极之间的张力。因此，萨特证明了不诚有两种形式。最常见的形式就是设法把我们的超越性（我们的可能性）瓦解为我们的真实性（我们的先在状况）。实际上，有人通过宣称“我就这样”来逃避责任。从马克思主义经济学到弗洛伊德心理学的各种决定论就是不诚的这种基本形式的不同理论版本。这些理论否认我们在创造性和存在主义的意义上是自由的，从而把我们从对自由的“畏”中解救出来。这种类型的不诚就使人甘愿过一种事先被安排好的、没有控制权、因而也无须负责的生活方式。这类不诚有悖于加缪笔下西西弗斯的创造性“选择”和迪伦·托马斯[1]给他临终的父亲的建议，后者的建议是：

1 迪伦·托马斯（Dylan Thomas，1914—1953），威尔士诗人和作家，出版的诗集有《诗18首》、《诗25首》、《爱情的地图》、《死亡与出路》和《诗集》等。

别安然走进那良宵。

狂烧，狂烧在光之将逝。

小说家和诗人都强化了行动者的意识和责任。再则，本真性的这些例子都是尼采版本的“已然如此”转化为“如我所愿”。另一方面，不诚的决定论形式提倡麻木地顺从命运。如同我们早些时候所注意到的，这是萨特否认弗洛伊德无意识理论的基础。诚如我们所看到的，通过诉诸我们对自身行为的“前理论的”领悟（这种领悟先于我们明确的、反省的意识），萨特仍然保留了许多“弗洛伊德的”洞见。自欺发生在这个具有张力的意识的“统一性”之中。因为自相矛盾的是，假如人们不在某种基础意义上被分裂，那么，人们就不能对自己“撒谎”；可假如人们完全不是被欺之人，那么，我们就不会有自欺，而只有萨特所说的“愤世嫉俗的谎言”。不诚就像意识本身那样自相矛盾。用萨特的话说，不诚是“无知的知，是知的无知”。这发生在同一个隐蔽自我意识的统一性之中。

超越性（可能性）瓦解的另一种情况就是让另一主体来决定我们力图遵循的“身份”的不诚态度。这种情况植根于我们的人际关系中，用萨特的话说就是“为他人而在”。萨特笔下的完美侍从就是一个很好的例子。此人行动敏捷，举止做作。他急于要客人点菜。上菜时，盘子没端稳，但却装出一副保持好了平衡的样子。萨特注意到，他正刻意在咖啡馆里扮演侍从的角色。他成了一种他人强加给他的形象的奴隶。现在他已将这一形象据为己有。当行动者把其他行动都当作不可想象的而不再考虑，那么，不诚就发生了。他及其整个存在都只“是”侍从，就像石头就只能是石头一样。但他的意识却使这种完全的侍从身份变得不可能。前反省地，他意识到这是一个游戏，但反省地，他仅注意到以这种特殊方式完成工作而选择忽视其他的可能性。另一方面，如果认识到人们在任何时候都能解下围裙，放弃这一职业，从而选择承受因不断反思这一设想而产生的畏，这就是诚意的一种形式。但人们通常都避免拥有这样的自由及其包含的畏。

不诚的第二种、不太常见的形式就是急切地想要贬低我们的过去，似乎我们是毫无现实性的纯粹可能性，完全生活在未来之中，没有任何对过去的牵挂。这是梦想家的不诚，詹姆斯·瑟伯笔下的“沃尔特·米蒂”[1]就是这样一种人。沃尔特是一个无法与现实世界保持联系、老爱白日做梦的人。任何事情都能使他去幻想他想要成为的英雄，但实际上，他的生活平淡无奇，枯燥乏味。这样说来，那位学生也是在不诚地行动，因为她坚持要当一位脑外科医生，但又情不自禁地伸手去按掉闹钟的按钮，而不起床去上她的化学课。又像前面提到的那位船长一样，这个学生选择了不作选择，这就是说她已（前反省地）选择不当外科医生，但却不（反省地）承认这个事实。她是在自己骗自己。她生活在不诚之中。

不诚的这两种形式都依附于有关人类状况的虚假性，都强调人类状况要么是超越性，要么是真实性。但实际上，真实的人类状况是两者兼而有之，只是含混地结合在一起，那些经受不住在模糊性中生活的人就会发现这个结合使他们紧张不安。但那些接受挑战，生活在这个关于他们状况真相之中的人，就是萨特所说的“本真的”人。

1 詹姆斯·瑟伯（James Thurber，1884—1961）在短篇小说《沃尔特·米蒂的隐秘生活》中，成功塑造了整天幻想的人物沃尔特·米蒂（Walter Mitty），他是一位抱有英雄式幻想、严重脱离现实的人。

本真地生存

我们谈论了存在主义者成为个体的设想。本真性是存在主义个体的特征。实际上，生存的个体性与本真性似乎是相互蕴含的。人天生就是个体的（在存在主义意义上）和本真的。一个人要真正成为本真的，就要认识到一个人的个体性，反之亦然。生存的“个体性”和“本真性”都是表示有所成就的词语。回避选择的人，甘愿成为人群中的一张脸或者官僚机器中一个齿轮的，就不能成为本真的人。因此，我们现在可以说按“他人”要求和期望生活的人就是非本真的人。

在托尔斯泰的小说《伊凡·伊里奇之死》中，主人公一生的大部分时间都过着非本真的生活。当他最终开始主动接受逼近的死亡而不是顺从地任其发生时，他就成了本真的人。从认识到他人的死亡到承认我的死亡，这样的进步就是迈向本真性的一步。对海德格尔来说，作为可能性的未来的时间维度先于作为真实性的过去的维度，尽管在评估“此在”的本真性时哪个维度都不能被忽视。海德格尔认为，我的向死而在，我必死的时间性，是我最本己的可能性，因为它是我其他可能性的终结，并且对海德格尔来说，可能性在绽出的时间性的三个维度中最为重要。根据这个观点，非本真性在于通过把我们必死性简化为发生在每个人身上的一个事件来逃避它。如同伊凡·伊里奇所声明的：

“他从基斯维特的逻辑学中学到了三段论：‘凯厄斯是一个人，凡人总有一死，所以，凯厄斯也有一死，’对他来说，这种三段论用在凯厄斯身上总是对的，但用在他身上就肯定错了。凯厄斯——抽象的人——会有一死，这是完全正确的，但他不是凯厄斯，不是抽象的人，而是一个创造物，不同于其他人……凯厄斯确有一死，他死得其所；但对我而言，小范亚，伊凡·伊里奇，凭着我的全部思想和情感，则完全是另外一回事。我绝不应该死。那太可怕了。”

对海德格尔来说，果敢地接受一个人的向死而在，这就把我们散乱的心思集中在存在实现的意义上。这是体验我们偶然性的另一种方式。一旦我们认识到，在时间的某点上我们将不再存在，我们就洞察到了生存所意味着的一切。正如马塞尔所认识到的，即使我们相信个人的不朽，进入那“良宵”也并未免除危险。并且如同摩西·赫尔索格所说，“这就是我们如何彼此讲授形而上学”。

萨特不同于海德格尔之处在于，他把“我的死亡”看作是我体验之外的事情。是的，我可以看到另一个人的死去，并想象我自身在那样的状况之中，但仅此而已。我的死亡是萨特所说的“不可实现之事”，因为它恰好超越了我体验的界限。萨特无疑是从伊壁鸠鲁（公元前341—前270）那里知道这个学说的。但萨特也把本真性与生活的统一性联系在一起。然而，在萨特那里，正是定义自我的选择（或说设想）才把我们的各种关怀融为一体，使我们真诚地接受。

无论我们反省地认识到与否，萨特都认为，根本选择（fundamental Choice，我把选择这个单词大写是为了把它与其他那些被称之为“普通选择”的决定和挑选区分开来，我们是在这个引导生命的大写的选择的指导下作出其他选择的）统领我们生活的意义和方向（法语“*sens*”一词包含了这两层意思）。在此根本意义上，大写的选择是前反省的。它指的是我们是什么，而不仅仅是我们做了什么。我们具有反省意识，这种意识早已作出了这个大写的选择。它的具体表述就是阐明了这个主题的许多小写的选择（choices）。

萨特强调，我们根本的选择就是对自我同一性的徒劳追求。我们已看到，对同一性的追求与我们并不具有同一性的意识相冲突。不过，我们大多数人行为处事时，似乎表明我们能获得事物的协同性和同一性；我们可以是有意识的事物。他声明，这是神圣但不可能实现的理想，我们对这种理想的追寻表达了一种对自由的“畏”的非本真的逃离。我们的自由是关于非同一性的自由。无论我们是什么，是侍从、士兵，还是约会中的女人（举三个他提到的例子），我们都以“异于”它的方式拥有每一种性质；即以一个有意识的主体的方式。如果这些特征中的每一个都在我们自己的眼里或他人的眼里描绘了我们，那么，我们就以超越它们的某种方式维持了这些特征；我们对用来维持这些特征的方式负责。用萨特剧本中的话来说，“我们是被判为自由的”。

但是，在很大程度上如果人们追求一种安全感，按自己生活中的角色或他人的期望生活（即使他们对被压抑的自由表现出来的畏不能被完全消除），每个人就以符合其境遇真实性的特殊方式阐明各自生存的根本选择。萨特相信，“人类实在”是一个整体，而非松散的集合。再有，我们都是创作之中的故事，而不是仅仅并置在一起的、相互分离的一组事件。正是这个定义生活的根本选择或“设想”才把我们的体验与基于这种选择的其他多种选择统一起来。

那么，通过检视到目前为止表明他们生活的单个的普通选择（英文小写的选择）人们应该能发现与自身保持一致的特殊方法。萨特把这种通过解释普通选择来揭示出根本的方法称作“存在主义的心理分析”。这样的心理分析并不诉诸毁灭自由的无意识，但萨特承认，这种心理分析还没有找到自己的弗洛伊德。虽然萨特承认一种“彻底转变”的可能性，人们凭借这个转变就不会去追求自我同一性，而会“选择”实践一种拥有本真自由的痛苦生存，但在人生方向上很少发生这样的根本变化。

无论是否有例外，像萨特在《存在与虚无》的脚注中所指望的一种本真性伦理学仍然是有可能的。从萨特的视角来探寻这种伦理学细节的人最好还是阅读他死后出版的

《伦理摘记》。在该书中能发现萨特敢于为一种他从未作为整体加以阐述的道德哲学提出假说，表明洞见，指出要点。这与《存在与虚无》中坐于咖啡茶几旁的存在主义者大相径庭。这标志着彻底的转向吗？并非如此。相反，这种道德哲学让我们得以一窥存在主义伦理学积极的一面。在早期著作中从现象学角度加以描述的“异化社会”一旦被摧毁，这一面就会表现出来。

存在主义认为，人充满了偶然性，如同罗克丁在《恶心》中所体验到的。这一看法通常用戏剧手法以想象性的方式表现出来，在萨特看来，类似于面对个人必死性的海德格尔主义者或是尼采式的勇敢地欢迎过去的永恒轮回的“自由人”，本真的个体会接受这种偶然性，并充分体验这种偶然性。

一种关于本真性的伦理学

本真性通常被看作一种伦理学的陀螺仪，用来帮助个人在尼采的道德自由下落状态中确定自己的方位。如果本真的人在伦理上“具有创造性”，并且敢于超越伦理安全性的最后灯塔；如果像克尔凯郭尔的亚伯拉罕或者尼采的自由人一样，行动者暂不遵行传统伦理规则（这种伦理规则诉诸一种基于“每个人都这样做那又如何?”[1]箴言之上的普遍性），而选择了独一无二的、没有先例的、境遇性的一切，那么，他凭什么说自己参与了伦理活动，并遵守了活动规则呢？似乎这个所谓的道德创造性是虚无主义的借口，或至少是纯粹的机会主义的面具。不过，我们已说过，存在主义者把伦理考量看得至高无上。他们可能提出什么样的伦理学呢？

有人已经提出，从长远来看，存在主义者向我们提出的，与其说是道德内容，不如说是伦理风格。存在主义者会指导我们如何生活，但诚如德·波伏娃所强调的，他们并不为我们开出道德处方。这一说法有它的道理。尼采确实强调，风格比实体更重要。他把实体当作陈腐的形而上学而摈弃。尼采劝告说，那些能够采纳这一建议的人应使他们的生活成为艺术品。萨特认为，无论艺术还是道德选择都不受制于严格的规则。在此意义上，他把进行道德选

1　这是传统伦理学宣称的普遍道德规则，而本真的人拒绝信奉这样的道德箴言，转而诉诸道德境遇中的特殊性。

择比作构思艺术品。但是，萨特不同于尼采而更接近于克尔凯郭尔，他承认道德判断具有一种“普遍”特征。德·波伏娃指出，“一种模糊的伦理学不会先验地否认分离的存在者能同时相互联系在一起，他们的个体自由能创制对所有人都有效的法律”。实际上，她接着又强调“那个普遍的、绝对目的的重要性，这个目的就是自由本身”。

自由构成了存在主义者的终极价值，恰如本真性构成了他们的首要德行。但如同德·波伏娃所指出的，这并不是一种对一切都无所谓的、空洞的自由（在那里“一切都行”），也不是受规则束缚的“严肃之人”的自由，这种人把他的自由淹没在了社会的专制之下。像尼采一样，波伏娃发现虚无主义源于这样一种严肃精神的失败。随着人们开始拒斥宗教和哲学传统各种严谨的道德范畴，人们最终也拒斥了任何终极价值，这是一个被称为“虚无主义”的立场。但是相反，她提出，那些感受到生存的愉悦并获得其赏赐的人（即那些欣然接受其偶然性的人），会安然度过由尼采“上帝之死”所引发的虚无主义风暴。换言之，存在主义选择的“内容”就是自由本身。通过接受其彻底的偶然性和统一性的缺失，这种自由就会变得具体。再次，无论我现在是什么，我都以尚未成为的方式而存在；即并不局限于我现在是什么，而是有意识地超越自己。

但这难道没有沦为一种纯粹的生活风格吗？凡人们所接受的就是自由地“接受”，这重要吗？如果欣然地接受人的偶然性就意味着一种“本真性”，那么，一个人不也可以成为一个本真的反犹主义者或纳粹分子吗？德·波伏娃认为，个体自由真正要求的是，通过他人自由来拓展自身，以此来追寻一种她所说的“开放的未来”。换言之，当我着手拓展他人自由时，我的自由也会加强，而非减弱。我在第三章中曾提及，萨特认为，个人具体自由的要求就是，个人在选择时要选择他人的自由。波伏娃的观点其实就是对萨特观点的一种发挥。这个具体意义上的“自由”意味着追寻一种他人的“开放的未来”，即实现他人的可能性以及自我可能性的最大化。在这方面，使他人受奴役或受压制，都将是“非本真的”行为，而奴役他人就更是如此，因为如同德·波伏娃所说，自由只有通过他人自由的无限运动才能本真地实现自身。

这样，虽然生存的本真性确实具有一定的内容，即既渴求自身的自由又渴求他人的自由，但这种自由的意义仍须分析。当存在主义者面对具体的有关自由和社会伦理的问题时，他们的任务就是要去分析自由。

第五章

一种经受磨炼的个体主义？存在主义与社会思想

在历史中，存在也先于本质。

让-保罗·萨特

独自幸福也许是可耻的。

阿尔贝·加缪，《鼠疫》

当萨特在1945年10月的那个夜晚进入演讲大厅时，他所要面对的是当时广为流传的一种观念，即他新近受到公众关注的哲学只是资产阶级个人主义的又一种翻版，这种哲学对打败了欧洲大陆的法西斯主义的同志情谊完全无动于衷。他前一年首版的剧本《密室》的倒数第二行“他人即地狱”常常被引用，这证实了人们的这种质疑。在巴黎解放后，萨特的创作灵感突然爆发，似乎对其本真性伦理学更是孤芳自赏，对不诚的批评更加严厉，但无论是他的本真性伦理学，还是他对不诚的批评，都不探讨紧要的社会问题。这无疑是共产主义和天主教的批评家们对他的看法，在那次讲演中尽显无遗。这些批评家们都明确支持有关社会正义的理论以及实施这些理论的计划（这些理论和计划可能相互矛盾）。不过，我们所说的存在主义传统，尽管强调要成为一个个体，但一直都批评资产阶级社会因循守旧、贪图物质安逸、追求安全、厌恶风险以及缺乏想象力的保守主义。但这就意味着存在主义变成了一种认识到了剥削和压迫，并倡导要终结这些剥削和压迫的社会理论吗？我将通过回顾主要的存在主义哲学家对这一问题的回答来给出答案。

克尔凯郭尔和尼采论资产阶级文化

我早些时候指出，克尔凯郭尔以抗衡当时丹麦社会正在形成的三种机制（黑格尔哲学、官方教会和大众传媒）而闻名。在他看来，黑格尔哲学用生命来换取概念。他赞同当时丹麦的主流思想，认为应“历史地”理解生命，即在事件发生后，黑格尔的哲学体系能揭示出这些事件的必然性。但他坚持认为，这样的思辨在现实生活的偶然性面前软弱无力。

如哲学家们所说，必须从历史的角度来理解生命，这完全正确。但他们忘了另一个命题，即生命必须面向未来。

（《形而上学日记》，1843）

观念可以被系统化，而生命则不能。克尔凯郭尔嘲笑说，试图依靠抽象的黑格尔哲学来生活就好比把你要洗的衣物送到一家宣称“搞定洗衣”的洗衣店，结果却发现只有洗衣店的招牌待售！

但官方的路德教会也好不到哪儿去。因赞同把圣经的“基督教世界”重新引入到“基督教王国”的设想，克尔凯郭尔把后者等同于一种文化基督教，这种基督教使人自满贪婪，并装出一副关心穷苦者的样子，同时又通过认同当时的政治和经济权贵而得益。克尔凯郭尔注意到，国家雇用了数以千计的官员（神职人员），这些人表面上宣扬基督教，但实际上只关心他们的腰包，还设法阻止人们理解基督教的真意。尽管他的兄弟是牧师，并且克尔凯郭尔本人也曾打算当牧师，但他与众不同的宗教虔诚使他与官方教会格格不入。

接着就是大众传媒。克尔凯郭尔把大众传媒看作是一种使人道德腐化的机制。大众传媒损害了探求真相的勇气，并迎合了公众舆论的形成和那些不想冒险被排除于主流之外的人的观点。克尔凯郭尔为这样的观点付出了昂贵的代价，尤其是《海盗》周刊对他的冷嘲热讽。这本周刊的讽刺文章和漫画使克尔凯郭尔成了哥本哈根的笑柄，以至于他都不愿继续在哥本哈根城周围散步，而这原本是他钟爱的运动。

克尔凯郭尔写道，至于一般的资产阶级，对他们来说，道德最重要，甚至比智力都重要；但他们从未感受到那种对伟人和天才的热情，即使这些伟人和天才并非名副其实。他们的道德规范就是警察张贴的各种布告内容的简要概述——最重要的事情就是成为国家的有用之人，在晚间的俱乐部里高谈阔论；他们从未感受到那种对未知之事、悠远之事的留恋，从未感受到虚无的深度（《形而上学日记》，1837年7月14日）

尼采也可能发表这些评论。他和克尔凯郭尔两人都称颂毫无保留的真诚，对胆怯和虚伪都极其敏感。他们都提倡苏格拉底那种为求真理甘受迫害的精神。他们的作品也都充满了智慧和激情。

诚如我在第二章中所指出的，上述大多数的论述都是为了保护“个体”而发表的，这说明了为什么克尔凯郭尔会以精英主义者和不关心政治者而出名。显而易见，他不相信革命和发动革命的暴民。假如他富有幽默感的嘲讽并没有宽容君主制或贵族制，那么，这不应该被看作他有平等主义的倾向。相反，克尔凯郭尔坚持一种保守主义，这种保守主义常常掩饰了他的怀疑态度。在此意义上，他的“个体主义”代表了我们设法在存在主义传统中追寻社会良心轨迹的出发点。

但在转而讨论存在主义开始阶段的另一个人物尼采之前，我们应注意到，克尔凯郭尔的基督教精神显然关注穷人和受压迫者的困境，他是从基督教精神这个理想出发来攻击“基督教王国”的。他对教会政治和教会官员所作的批评基于“福音价值观”之上。无论对错，他的批评集中于国家教会在口头上宣扬福音价值观，但在实践中却损害了这些价值观上。但在欧洲革命盛行的那一年（1848年，包括当他在修改下一部书的校样时发生在他书房外的一切革命）克尔凯郭尔似乎更关注内在生活；对倡导对贫困者的仁慈态度的关注要甚于对引发革命行为的社会不公的关注。他认为，从本质上讲，革命年代充满激情，而当代却是“一个理智的、反省的年代，缺乏激情，虽有热血沸腾之时，但却肤浅轻薄，转瞬即逝，万事都谨小慎微，松弛懈怠”。他对这两种时代的对比可算作是一种社会心理学的批评。他评论道：“与注重行动的革命年代相比，当下的年代是一个追求名声的年代，充斥着各式宣言的年代：什么都没有发生，但很快就有公众关注。”如果说像这样犀利的言辞把他推向了论战前沿，那他身上的怀疑和机智又把他拉了回来。由此，他强调，他的《爱情作品》中关于“仁慈”的那一章是专门针对共产主义而写。改变心境和个人信仰而非发动社会动乱和政治革命似乎才是他所偏爱的解决措施。

尼采同样不相信“民众”。尼采对政治民主的鄙视与克尔凯郭尔的并无二致。尼采的态度几乎并不会因为诉诸福音价值观而有所缓和，或者如他所说，发生了转变。他在好几个场合都系统地颠覆了这些福音价值观。例如，尼采认为，与克尔凯郭尔的“仁慈”密切相关的“怜悯”贬低了客体，并因与其主体不相称而被摈弃。实际上，尼采和克尔凯郭尔一样，他们关注的是个体的态度或精神，而不是个体工作的社会经济状况。虽然尼采的“高级类型”是希腊人或像歌德那样代表高雅文化的人物，而克尔凯郭尔的英雄则主要受圣经的启发，但除了顺便提及之外，他们两人都不详细探讨社会责任问题或政治哲学的其他主要话题。像克尔凯郭尔一样，尼采对个体形成的关注要甚于对社会转型的关注。在此意义上，存在主义传统仍须面对19世纪所面临的社会问题：面对迅速成长的无产阶级，该如何平等分配工业社会日益增长的财富和服务。

海德格尔和雅斯贝尔斯：共在和民族社会主义的诱惑

尼采目睹了在认识到“上帝之死”时笼罩欧洲社会的虚无主义。如果说尼采是为这种虚无主义的阴霾所困扰，那么，海德格尔和他那个时代的其他德国知识分子则更关注布尔什维主义的兴起及其领导下的大众对西方文明的威胁。尽管影射更为巧妙，但同样具有威胁的是庸俗的唯物论和英美资本主义国家的技术至上论。作为古希腊文化的继承者（这一观点是由18世纪和19世纪德国杰出的古典语文学家和考古学家提出的），德国文化至少在两个层面受到两个方向的攻击。海德格尔在一次讲演中说到，德国文化犹如“在大钳子中被挤压，一边是俄国，另一边是美国”。

尽管个体化力量果断地接受个人的向死而在，但海德格尔把我们的共在看成是此在的一种基本结构。人类在本质上是社会的。我们最初就生（在绽出的时间性的语言中，海德格尔说“被抛入”）在一个文化世界中。在这个文化世界中，我们的共在须和他人的所为一致。我们发展出了一种社会学家所说的“社会自我”和海德格尔所说的一个非本真的“常人”自身[1]，就像伊凡·伊里奇一样，受制于公众舆论。从历史的观点看，这个文化世界就是海德格尔所说的“传统”，从词源学上讲，这个文化世界是被

1 按照海德格尔的说法，人的存在就是“在世中存在”，既可以是本真地在世，也可以是非本真地在世，而“常人”就是非本真地在世，即人与他人共在，与其他人一样没有个性，没有创造性，缺乏主见，随波逐流，人云亦云，消极沉沦。

“传承”下来的，作为我们共同遗产的一部分而被接受。这个传统有助于我们形成一个民族。海德格尔有时在此情况下提到“命运”，并不是指难以理解的命运，而是指客观限制和从我们共同的历史中涌现出的可能性。在存在主义意义上，这些可能性可以被当作本真的或非本真的选择机会。

但在有的历史瞬间会产生一种本真的共在，海德格尔把民族社会主义（纳粹）革命（误）认为是这些历史瞬间中的一个。如同一位我认为公正的传记作者对此争议作出的总结中说到的：

> “时至今日，人们对海德格尔卷入政治之事仍耿耿于怀。出于哲学上的原因，他一度是民族社会主义的革命者，但他的哲学也使他摆脱了政治舞台。他从他所做的事中吸取了教训，后来他就把主要精力放在了精神易受强力意志诱惑这一问题上。”

尽管存在主义者倾向于不墨守成规，并且如同我们所看到的，海德格尔也强调坚决地实现“我的”向死而在的个体化力量，但“本真的”共在这个观念却被证明是既诱人又危险的。海德格尔似乎受到了纳粹运动的绝对权力和他可能在教育改革中发挥重要作用的机会的诱惑。在这方面，哲学家于尔根·哈贝马斯（1929—）对海德格尔的看法通常也适用于萨特：通过使个体成为他们哲学关注的焦点，他们忽视了人类生活的主体间性[1]和社会性。尽管这是对海德格尔和萨特的并不准确的评论，但这样的批评仍然强调这样一个事实：证明存在主义也有一套社会哲学的责任落到了倡导本真的个体的人头上。

如果说二战的结束使海德格尔蒙羞，那它却使卡尔·雅斯贝尔斯站在了道德的至高点上。尽管雅斯贝尔斯也相信德国的文化使命是为世界提供在“俄国的鞭子与英美的约定”之外的第三种选择，但他是在一战后发表这个看法的，并且不同于海德格尔，他并没有在纳粹得势时说这话。他以他的大学教授职位为代价抵抗了纳粹的接管，并在二战结束时发表了一系列演讲，这些演讲稿后来以《德国犯罪问题》为名出版（1947）。他在书中区分了犯罪

1 主体间性（intersubjective）指不同主体和心灵之间具有互动、沟通和传播信息的共同特征。

的形式和责任，以便澄清德国人在这场灾难之后应该如何厘清他们目前的处境。他区分了犯罪的四个范畴：刑事犯罪（违背明确的法律），政治犯罪（面对纳粹政权行动的政治绥靖程度），道德犯罪（在与一个人的伦理共同体进行对话时形成的个人良心的问题），形而上学犯罪（基于人类团结并导致的共同责任，特别是对人们都意识到但并未尽自己最大努力去抵抗非正义的共同责任）。集体责任的这个意义对存在主义思想来说是全新的，但萨特不久后在与各种剥削性和压迫性的团体和社会进行论战时就探讨了这个问题。几年以后，萨特受这些演讲的启发而撰写了剧本《阿尔托纳的死囚》（1959），这个剧本虽然表面上描绘了德国人对二战的责任，但实际上是一则有关当时在镇压阿尔及利亚革命时法国所犯罪行的寓言。

和萨特一样，二战经历及其后果对雅斯贝尔斯也产生了重要影响。存在主义思想持久的伦理关怀表现在雅斯贝尔斯把伦理诉求当作是一种对政治的制约。雅斯贝尔斯与马基雅弗利的“现实主义”无关，这种无涉道德的现实主义宣称，只要目的正当，可以不择手段。如果说雅斯贝尔斯曾经对自己的观点还有所怀疑的话，那他与纳粹的交往经历使他确信，伦理确实是政治的制约因素。但原子弹的出现极大地增加了风险成本。虽然雅斯贝尔斯也感觉到有变革制度的需要，但他的观点听上去还是更像克尔凯郭尔。他说，发现新制度是不够的；我们必须改变我们自身、我们的特性、我们道德政治的意愿。曾经长期以来出现在个人之中的一切，在小群体中有效、但在整个社会中软弱无力的一切，现在都变成了人类继续生存的条件。

在此几年之前，当加布里埃尔·马塞尔发现，我们史无前例地处在一个全人类的自杀已成为可能的境遇之中。有鉴于此，他表达了和雅斯贝尔斯相同的担忧。他强调，如果我们不意识到，我们每一个人几乎每时每刻都面临着根本的选择，并且凭其所思、所做、所是的一切而有助于增加或减轻这样的大规模的自杀，那么，我们就不可能摆脱这种境遇。但他相信，只有在哲学层面上这个选择的存在本性才能被澄清，这就是他着手去做的。存在主义要求一种社会良心。但存在主义要求的特殊紧迫性回应了他所认为的世界史上一个前所未有的事实：我们具备了从总体上摧毁已知文明的能力。

尽管雅斯贝尔斯承认，一种普遍性的形式保持不变

（即无条件的道德义务），但他并不是以存在主义方式提出另一种伦理规则的。他强调，这个义务的内涵，即我尤其应该做的“什么”，不能从无条件地做某事的义务中推演出来。当然必须行善避恶；我“应该”去尽我的职责。但此时此地我的职责是什么呢？在这个境遇中我应该追寻的善是什么？正如雅斯贝尔斯从实践中认识到的那样，这样的发现和创造既需要伦理行为者有一种勇于献身的精神气质，又需要一种甚于智慧的理性形式。雅斯贝尔斯警告我们，当精神气质在禁令和义务中耗尽自身时，它就成了道德。在此，他的有神论承诺开始起作用：他使我们确信，“隐藏在伦理中的并不仅仅是伦理的”。它是“超越的”，甚至是“神圣的”，但不是通常意义上所说的宗教的，即指启示宗教和制度权威。就像克尔凯郭尔和尼采以各自的方式做到的那样，雅斯贝尔斯也让我们面对道德创造性的风险，但我们是在超越镜域中或者他所说的“无所不包”中面对这种风险的，这种“无所不包”要求我们以对其他人的自由尽到最大责任的方式去实现我们的自由。

大众社会的挑战：马塞尔

尽管雅斯贝尔斯把他的思想称作“生存哲学”，但似乎是加布里埃尔·马塞尔发明了“存在主义者”这个词，并把它用在萨特身上。他喜欢把自己的著作称作“新苏格拉底的”。和苏格拉底一样，马塞尔对他所处的社会进行了直言不讳的批评，面对强力意志勇敢地捍卫真理，或者说，面对求真意志勇敢地捍卫真理。尼采反对求真意志，认为它是强力意志未被认可的一个形式。

在出版于1951年的《反对大众社会的人》一书中（该书书名集中体现了存在主义的社会批判），马塞尔超越了通常与存在主义者联系在一起的、对工业社会及其技术产物的新浪漫主义式的蔑视，而探讨了自由、人的特殊性、价值观危机以及伦理本真性这样一些典型的存在主义论题。但在马塞尔手中，每一个论题都明显具有了一种社会性，一方面体现在对极权主义的批判中，另一方面体现在对唯物主义的批判中。这一批判的基本论点就是要坚决反对他所说的“抽象精神”。例如，这种精神必定体现在我们的宣战和实战中。无论这是攻击敌人（敌人通常被妖魔化，并被冠以侮辱性的称谓），还是发射导弹（人们看不到这给人类带来的影响），人们都无法体验到由自身行动所造成的现实给人带来的痛苦。提倡和平主义的电影《西线无战事》以其修辞力量阐明了这一点，影片的刻画对比了攻击敌人的抽象过程和一战期间堑壕战的具体现实。马塞尔对抽象精神的批判是对追寻一种具体哲学的延续，这种具体哲学吸引了许多哲学家，并在20世纪30年代把萨特引向了现象学。

从政治上讲，马塞尔发现抽象精神在他所说的“大众”狂热中起作用。正如他所解释的那样，当下的政治境遇使大多数人处于受贬抑和被异化的状态中。他们缺乏对自身价值的认识，对自己和对他人都感到陌生。这样的结果就是大众不可避免地容易变得狂热：政治宣传对处于这种状态中的人有一种电击般的强大效果。他宣称，哲学家必须努力构筑一种能把尽可能多的人从这样一个状况中解放出来的社会秩序。

马塞尔继续对“狂热”意识作了一番现象学描述。对马塞尔而言，尼采的“民众”就是大众社会。它的成员可以被训练，但不能被教育。不过，不同于尼采，马塞尔极力主张，可以采取社会和政治步骤来把这些人从他们受贬抑和被异化的状态中“抽离”出来。他的解决措施，用今天的话说，更像是“共产主义的”，而不是“自由主义的”。就是说，它支持像古代同业行会体系中的中间群体去调解和控制国家的专制主义倾向。他用的术语是“交心”，这个术语在他的词汇中指享有共同旨趣和关怀的群体成员之间相互尊重。“交心”与萨特大致在相同时间所说的“博爱”没有什么不同。

这个解放的基础就是从抽象思维转移到具体思维。从根本上说，人类处于某种境遇之中，但抽象的人道主义忽视了这一点。萨特在他的人道主义讲演中所说的 就是这一点：他坚持认为，假如我们将在具体之中追寻自由而不是在抽象之中梦想自由，那么，我们就必须探讨他人的异化境遇。我们不可能自由，除非他人也得到解放。这就是萨特的讲演“存在主义是一种人道主义吗?”所论证的。但正如萨特针对反犹者所言，我们不能直接影响他人的自由；我们必须探讨他们的状况；我们必须改变他们选择的“基础和结构”。马塞尔会赞同萨特，认为这样的基础和结构并不简单是经济的和机械唯物论的。但他会站在雅斯贝尔斯一边，强调人类真正的价值在于他们能够超越现状而向超越敞开。增加这样一种善于接受新思想和新事物的能力有助于控制现代国家的集权倾向，并开启伦理体系的教条主义。

萨特与加缪论阿尔及利亚战争

萨特宣称自己在二战中应征当兵的经历使他跳出个体主义的局限，并引导他发现了社会。梅洛-庞蒂回忆说，萨特在战前远离政治和历史，这给他留下了很深的印象。只是在法国解放后的初期萨特才卷入政治。首先，他站在左派的非共产党政治一边，但随着冷战的发展，萨特与以前批评他的法国共产党有了共同的政治和社会关怀。尽管萨特从未加入法共，但他一直与法共保持着爱恨交织的关系，到匈牙利革命（1956）时期，这种关系才开始减弱，至苏联占领布拉格（1962）时，这种积极的关系完全结束了。

萨特认为所有的关系都应该是自愿和平等的。由此说来，萨特本质上是一位政治上的无政府主义者（法国人所说的“自由主义的社会主义者”）。他把当权者描述为“我们中的他者”，并对其每一种权力形式都表示怀疑。但他也是一位道德家，这就是说，他的政治介入始终包含一个道德维度。梅洛-庞蒂曾经说过，如果你把压迫行为与剥削的非个人结构区分开来，那么，萨特则始终关注于行为，而不是眼下问题的结构维度。道德责任就体现在行为上。这并不是说萨特忽视了哲学家路易·阿尔都塞所说的“结构因果性”[1]。萨特并未忽视它。但萨特坚持认为，这些社会结构是先前行为的积淀，并由当下的行为来维系。因此，当他把殖民主义描述成一个“体系”，并说“卑劣行为在体系中”时，他想要表达的意思就是，这是一种需要压迫行为、并由此而得以维系的剥削结构。换言之，“卑劣行为”并不完全在体系之中。原则上，一个人应该能发现责任方，并说出他们的名字。这是存在主义的一个基本假设。

针对法国介入镇压阿尔及利亚革命这件事，萨特说出了责任方的名字，这使他和他的朋友阿尔贝·加缪发生了

1 阿尔都塞认为，因果性只存在于整体内部，是整体与部分之间的相互关系。整体结构决定部分结构，但部分结构对整体结构又具有相对自主性。

冲突。加缪出生于阿尔及利亚，父亲是法国人，母亲是西班牙人，他在纳粹占领时期的抵抗运动中很活跃。作为抵抗运动秘密报纸《战斗报》的编辑，加缪曾被盖世太保追捕。加缪在哲学上接受的教育不多，他的主要身份是记者和演员。萨特对加缪早期小说《局外人》热情洋溢的评论使他们得以会面，并最终成为了朋友。事实上，萨特想请加缪出演《密室》中的男一号，加缪经考虑后拒绝了这个角色，因为在纳粹占领下的法国需要保持低调。

阿尔贝·加缪（1913—1960）

出生于阿尔及利亚，父亲是阿尔萨斯人，母亲是西班牙人。他的父亲死于第一次世界大战，寡母在贫困中将他养大成人。在1940年移居巴黎前，他在阿尔及利亚戏剧界和新闻界很活跃。去巴黎后不久就投身于抵抗运动，编辑了秘密报纸《战斗报》。第一部小说《局外人》和文章《西西弗斯的神话》都出版于1942年，这两部作品使他一举成名，并引起让-保罗·萨特的关注。他不久便与存在主义运动联系在一起。1957年获得诺贝尔文学奖，1960年死于车祸。

尽管加缪已撰文声援阿尔及利亚的阿拉伯人，但他认为，阿拉伯人不应该被剥夺像教育制度这样的法国公民才

图11 阿尔贝·加缪、报纸和城市

享有的福利，因为这一体制能使像他这样的穷青年也摆脱贫困，而这正是他移居宗主国法国的原因之一。他也把革命看作是一种由埃及领导的泛阿拉伯扩张主义的表达方式。在保持现状与彻底革命这两个极端之间，加缪建议双方形成某种结盟。换言之，《反叛》这部作品的作者建议走中间道路。萨特很少表现出温和或妥协，尤其在政治上。他如此强烈地要求支持革命以至于反对他的人群两度在他的寓所投放炸弹。随着萨特进入他后来所说的一个

“无涉道德的现实主义”时期，支持他认为有必要的、任何地方的革命，加缪却愈来愈关注政治和社会动乱的伦理层面，反对死刑，并倡导一种和平主义，直至其47岁意外死亡。

萨特密友在萨特主编的杂志上发表文章猛烈抨击加缪的《反叛》一书，这事终结了加缪与萨特之间的友谊。但决裂其实是不可避免的。如同我们将在梅洛-庞蒂的情形中所看到的一样，萨特对待政治要比对待友谊更加严肃。随着政治观点逐渐左倾，萨特疏远了那些政治上逐渐右倾的旧友们。直至1968年学生反抗，萨特一直与法国所谓的“毛主义者们”保持着密切联系。这些毛主义者与中国很少有关系，而与有“直接民主”理想的典型无政府主义有很大关系。萨特现在能发表题为“共产主义者们害怕革命”这样的文章了。这标志着萨特政治存在主义的极端性。

最近的讨论对加缪在这件事情上的形象有所粉饰。这使他和萨特相比显得更加稳重平和，更少主动与人争论。但在这件事上，他们二人都没有表现出公正或宽容。

图12　应对战争中的暴行负责的弗朗兹（法兰西）（在萨特的戏剧《阿尔托纳的死囚》中）

萨特和梅洛-庞蒂论共产党

二战刚一结束，莫里斯·梅洛-庞蒂与萨特、西蒙·德·波伏娃和其他人一起创办了一本左倾的批评杂志，取名为《现代》（该刊名取自于萨特非常喜欢的查理・卓别林的电影《摩登时代》)。该杂志不久成了法国存在主义的喉舌，至今仍广为流传。它的第一期（1945年秋）发表了萨特撰写的引言，这一引言成了战后存在主义运动的宣言，并预示了萨特对公共生活的政治介入的哲学原则。这篇引言特别强调了存在主义对个体自主的责任、对个体权利的捍卫以及在追求这些目标时所需要的团结。“完全介入和完全自由，正是自由人必须通过扩展其选择的可能性而获得自由。”萨特在解释该杂志的规划时说：“总之，我们旨在对我们周围的社会做出某些改变。”追寻这些目标所必需的“团结”的本质却是一个问题。

萨特与法共之间的关系时好时坏，这一点我们已在前面讨论过。梅洛-庞蒂与法共的关系恰恰相反。虽然从未加入法共，但梅洛-庞蒂对马克思主义表示同情，并著有《人道主义与恐惧》(1947）一书。他在该书中写道，为建立和维护一个共产主义国家，使用暴力来对付那些欲将其置于死地的敌人是理所应当的。令人好奇的是，这些论证也是萨特后来为了达到相同目的所运用的。那时，梅洛-庞蒂已与萨特决裂，并从积极的政治介入中隐退。但在

《现代》创刊的前几年中，他们的文章经常出现在同一页上。梅洛-庞蒂在1947年的《现代》杂志上写道："就其本质来说，政治行动并不单纯，因为它是一个人针对另一个人的行动，是一种集体行动。"翌年，萨特创作了一部名为《脏手》的剧本，提出的也是这一观点。

他们之间闹翻的起因是朝鲜战争。梅洛-庞蒂把中苏对这场战争的干涉看成是典型的苏联帝国主义行为，这与萨特对苏俄干涉匈牙利和捷克斯洛伐克内政的看法如出一辙。他们两人都反对这种干涉，只是在时间上差了16年。尽管梅洛-庞蒂是负责杂志政治版的编辑，但萨特在他不在场而且并不知情的情况下发表了一篇文章，批评美国卷入朝鲜冲突。梅洛-庞蒂辞去了总编职务，并在《辩证法的冒险》（1955）一书中继续拒斥苏联的马克思主义，该书以"萨特与极端布尔什维主义"为题辛辣地批评了萨特的政治观。西蒙·德·波伏娃同年又在一篇题为"梅洛-庞蒂与伪萨特主义"的文章中以同样方式作了回击，此事才算有了了结。又一次决裂就此完成，文章的标题说明了一切。人们可能把他们之间的决裂看成是一场家庭纷争而不屑一顾（萨特的门生通常被看作是"一家人"），但实

图13　莫里斯·梅洛-庞蒂正在阅读他的笔记

际上它却生动表现了法国文坛上发生的一场冷战。这些人物都是舆论的制造者，他们之间的分歧在媒体上广为传播。就社会良知而言，存在主义已经成熟，它成长的痛苦正表现在小说、剧本和媒体中。

莫里斯·梅洛-庞蒂（1908—1961）

与加缪和萨特一样，他也是幼年丧父，由寡母养大成人。在巴黎高师，他是西蒙·德·波伏娃的同班同学，比萨特晚两届。他早期研习经验心理学，尤其是格式塔心理学。主要著作《知觉现象学》出版于1945年。曾去比利时鲁汶大学研究胡塞尔未出版的手稿，这些手稿在他的思想中很重要，就像随后海德格尔的著作那样。他与萨特、西蒙·德·波伏娃和其他人一起创立了先锋杂志《现代》。53岁时猝死于书桌前。

西蒙·德·波伏娃与存在主义的女权主义

在出版其开创性著作《第二性》（1949）时，西蒙·德·波伏娃就已出名。在这之前她撰写了包括“模糊性伦理学”在内的一些文章，几部小说和一个剧本，同时她还是《现代》杂志的创始人之一。但这部两卷本的《第二性》才是她的主要成就。在随后人们所说的“女权主义”运动中，这部著作也许仍是唯一最重要的哲学文本。

图14　西蒙·德·波伏娃总是在工作

西蒙·德·波伏娃（1908—1986）

和萨特一样，她也是生于巴黎、死于巴黎。也曾和萨特一样在享有盛誉的巴黎高师念书，法国大多数重要的知识分子都毕业于此。她在法国的中学教过书，但却从未在大学执教。作为那个时代最著名的女性之一，她也是最著名的公众人物之一。在她诸多剧本、小说、哲学论文和多卷本回忆录中，巩固了她的国际声誉并成为女权主义运动奠基文本的著作就是《第二性》（1949）。虽然她与萨特从未结婚，但在成年岁月里却一直彼此相伴。

这部著作的哲学前提就是存在主义的论点，即认为人类是“在境遇中”生存，这个境遇从根本上说是模糊不定的。但我们已看到，她先于萨特详细阐明了我们境遇的社会维度。《第二性》通过强调性别及其社会构造所起的作用，详细阐述了“境遇”这个概念。在书中她写的最著名的一句话是：“女人并非天生的，而是后天培养而成的”。实际上，性并不是性别。性是一个生物学事实，而性别则是一种社会建构。她的大部分研究都在探讨“妇女”在历史上如何被建构以及“父权”社会中女性被分派的次要角色。她的基本问题是：“妇女如何变成为人类中的‘他者’？妇女的性如何变成了‘第二’性？”

“永远不变的女性”，这是被她戳穿的神话之一。众所周知，歌德在其《浮士德》中叙述了这一神话，但实际上，永远不变的女性本质这个古老的概念历来是逆来顺受和无比纯洁的典范，这与不言而喻的积极主动的男性本质形成了鲜明的对比。德·波伏娃强调，这个神话使妇女按一种不切实际的标准行事，忽视了每一个妇女境遇的特殊性。在存在主义意义上，这个神话是假的，因为它不够具体。这个神话和每个妇女的现实生活体验并不相符。波伏娃曾在“模糊性伦理学”一文中表示赞同萨特的观点，认为并不存在人性的看法。她现在强调，也并不存在女性的本质，理由是一样的：存在先于本质，而不是后于本质。她认为，这就要求我们从存在论走向社会学和政治学。

但是，“永远不变的女性”这个神话因为它的矛盾性也使妇女背上了沉重的负担。它把妇女看作母亲和养育者，我们的生命都归因于她，她值得我们充满深情地感激，但它也把妇女看作我们必死性的根源（《圣经》伊甸园中的夏娃），因此也受我们憎恨和咒骂。“妇女的本性被概括为母亲、妻子和理念；这些角色时而融合，时而冲突，每一形式都有其两面性。”德·波伏娃的观点是，由社会构建的一切都能由社会（和政治）拆解，它所导致的对妇女的压迫也能由此得到解除。

我们现在所说的存在主义传统不可缺少的组成部分

中，个体解放始终是可能的。但在存在主义运动的社会意识维度中，人们认识到我们不能直接对压迫者或被压迫者的自由采取行动。相反，我们必须着眼于努力改变我们观察到的、萨特称之为“选择的基础和结构”。这就是德·波伏娃号召采取行动的文本意义所在。它不仅把我们的意识提升到社会问题上，而且还描述了压迫的手段，并以此方式提出了开始纠正这些结构的途径。最重要的是，她的著作攻击了“父权制”的权力结构，并号召人们摧毁这些权力结构。

但正如萨特后来说殖民主义的那样，虽然卑下存在于体制中，但我们不能因为个体只是“像其他人那样”行动而开脱其罪责。一旦人们认识到了人类“境遇”本质上的模糊性（即它是由一种对制约性结构的自由超越所组成这样一个事实），看似具有悖论性的（如果说不仅仅是矛盾的）一切就变得可以理解了。再有，我们面临着每个人是摧毁还是延续父权制的问题。尤其是，德·波伏娃在《情势的力量》一书中所说的“情势的力量”是一种虽非具有决定性、但却是真实的影响，这就使得诉诸个体的努力成了问题，对许多存在主义者来说也是一样。例如，我们今天会问："人们如何获得中性的语言？""一时一词"会是典型的存在主义的答案。不过，这个"唯名论的"探讨方式忽视了情势的力量，即像公共舆论和风俗习惯这样的社会原因的力量在语言形成中起的作用。一旦萨特和德·波伏娃发现了社会，他们就不得不屈服于社会因果性——这种社会因果性是一种丰富了个体行动、但没有把它消解在某种非人性化的集体中的影响力。人们可以生动地把这描述为"存在主义遇到马克思主义，并设法使它人道化"。德·波伏娃尝试在妇女解放事业中做到这一点。当萨特在接下来的十年中撰写《辩证理性批判》时，他试图从一个更为广博的视野来解决这个问题。

德·波伏娃通过描绘一幅消除了异化和压迫的社会图景来结束她历时多年的研究，她希望通过必要的社会经济变革来促进这样的社会早日到来，但她同时也说，这还要求自由行动者之间的相互合作：

"该由人在既定的世界中建立起自由王国。为获得最后的胜利，男人和女人首先必须凭借和经由各自的自然区分，明确地肯定他们的手足之情。"

这个观点非常像萨特在《伦理摘记》中提出的自由行动者之间的积极交互性的理想。《伦理摘记》写于同一时期，但直至萨特去世后才出版。他在《辩证理性批判》中把这种交互性称作“博爱”。

处于关系中的个体：社会存在主义

很难说存在主义者是象牙塔中的知识分子。这一点现在应该很清楚了。在萨特谈论“介入”之前很久，克尔凯郭尔和尼采就力图解决他们时代的社会弊病，并且至少在克尔凯郭尔的情形中，这些社会弊病能在局部争论最激烈的时候被发现。后来的两次世界大战导致了社会大动荡，所谓的“最优秀的”存在主义者遵从查拉图斯特拉的建议，把必然的卷入转变成了一种生存的选择。正如萨特富有争议性地说到的那样，“每个人都有值得参加的战争”，“我们从未像在占领时期那样自由”。他们的“选择”覆盖了这样一个范围：从海德格尔的不幸陷于政治世界到加缪冒死参与抵抗运动。

但如果存在主义运动认可并考虑到了“情势的力

量”，那么，它是以为个体自由和责任在社会领域中保留一席之地这样的方式做到这点的。在其《探寻方法》中，萨特提出了存在论的基本观点：只存在个体及个体之间的真实关系。在《辩证理性批判》中，萨特将继续阐明他对下述问题的理解，即社会团体和制度如何能优于其个体成员的本质而不消解后者的自由和责任。这种自由和责任，在群体活动中被加强，在制度惰性中却被破坏，但从未被完全摧毁。

当梅洛-庞蒂把萨特的人道主义符咒拓展到社会领域时，就已经捕捉到在社会领域中存在主义立场的现实乐观性：

人类世界是一个开放的或说是未完成的体系，以矛盾威胁人类世界的彻底偶然性也同样能把人类世界从无序的不可避免性中解救出来，并使我们不对它感到绝望，只要人们记得人类世界的各种机构实际上都是人，它们总是设法维护和拓展人与人之间的关系。

第六章

21世纪的存在主义

保持向体验的历险敞开。

莫里斯·梅洛-庞蒂

尽管“存在主义”仍是一个常常被提到的术语，萨特也可能是20世纪最被广泛认可的哲学家，但人们还是经常听到存在主义运动终结了这样的说法；存在主义已被相继出现在20世纪60年代的结构主义和七八十年代的后结构主义思潮所取代。在这之后，随着一批存在主义哲学名流的相继逝世，这场哲学运动终于烟消云散。诚然，作为西方通俗文化的一个现象，存在主义在二战刚结束时就已达到了顶峰。这是巴黎左岸咖啡馆里的“阿帕希”（冒险家）舞、爵士乐的时代。荒诞剧的时代，完全自由的时代。用其法语的表述，这是解放的产物。那时的热情很难维持下去。但它的精神却仍然停留在西方社会的深处，在以后几十年的各种反墨守成规的运动中涌现出来，也许在1968年的五月风暴中达到了高潮。

在1968年的学生造反期间，巴黎墙上涂写的标语宣称“想象万能”。这体现了这场学生暴动的自发性、乌托邦希望和最终的徒劳无功。这场运动有时被描述为“萨特革命”。这个表述集中体现了存在主义的主旨，即作为境遇中的存在，我们是可能性的产物，是萨特所说的超越性的产物，或者从时间上讲，是未来的产物。我已经指出，对萨特来说，“超越性”主要指我们想象意识的活动，我们凭借这种意识超越了我们实际所体察到的一切而达至能够或可能被体察到的一切。没有人看到过独角兽，但我们可以想象假如这样一种生物存在于自然界中，人们看到的会是什么样子。如同萨特在研究小说家、剧作家让·热内时写道的：“这同一种不足能使人形成意象，使人无法创造存在。”意识，作为存在的缺失或不足（如同他在《存在与虚无》中所说的“虚无”），取决于存在，就像我们对独角兽的想象取决于我们感知到的马、角之类的存在。意识不能创造这些东西，但可以随心所欲地塑造。我们创造性的想象体现了我们人类的特征——自由。

但是，萨特的意识却是介入性的；它并不只是虚无缥缈的幻想。随着它所追求的自由变得越来越具体，这种介入也变得越来越带有政治色彩，如同它所表达的“想象”一样。在萨特理想的“目的之城”中，所有的关系都是平等的（水平面的）和非对象化的，它构成了引导我们进行社会交换的模式。萨特把艺术家与公众之间的关系看作是一种赐予-企助的关系，在这种关系中，个体在交往的同时尊重相互的自由；现在这种关系被看作是本真的社会互动的标准模式。这并不是说萨特陷入了唯美主义（用美来取代善，用艺术来取代道德）。实际上，他在他去世后出版的《伦理摘记》中用类似的语言论述了本真的爱和友谊——这个观点会使周末聚会的存在主义者感到困惑，因为他们习惯了《存在与虚无》中从施虐狂/受虐狂这样的角度来分析（非本真的）爱。

于是，作为一种文化现象，存在主义可能已经过了它的全盛时期。不过在一种文化意义上，存在主义却在各种在它之后的亚文化中，在我们话语中的畏、不诚、介入、本真性这样一些词汇中留下了踪迹。但在这方面，存在主义仍只能被看作是具有过去时代特征的物事。

但作为一场哲学运动（在它曾经是的程度上），各种形式的存在主义五十多年来在大陆哲学中起着主要作用，并且现在已进入永久的哲学对话之中，它在这种对话中表达了对人类状况持续的道德关怀。换言之，存在主义在我们当下如此盛行的各种形式的决定论、墨守成规、自欺和技术主义中间，继续捍卫着个体自由、责任和本真性。存在主义通常是以一种想象的模式做到这一点的，即使用艺术和事例，用具体的方式来使人理解抽象的原则。这些抽象原则原本可能会被当作不相干的学究之物而摈弃，或是被当作有趣的智性关注之物而敬而远之。存在主义是一种具体哲学，用德·波伏娃的话说，它使萨特去“研究情感”[1]，如同他们昔日的好友雷蒙德·阿隆（1905—1983）在20世纪30年代早期的巴黎咖啡馆里向他们提出的对他们面前的鸡尾酒杯作一番现象学描述的可能性。

让我通过举例来讨论目前哲学争论的四个领域。这四

1 研究情感（blanche with emotion），译者曾就此短语专门请教过巴黎高师哲学系Claude Imbert教授，她也觉得此短语没有交待德·波伏娃著作的出处，但仅从本段落的表述看可以把它转译为“研究情感”。

个领域是我从其他几个可能的候选领域中选出来的。存在主义者已经或已准备对这四个领域作出重要贡献。虽然只作了提示性的、并不全面的阐释，但我下面提到的话题却表明，本书所论及的作者和设法以一种真正符合人性的方式来引导生活的当代人密切相关。所谓存在主义“传统”就是把哲学当作一种生活方式，而非纯粹崇尚空谈的游戏。下面我们将看到这个传统如何在不否认英美哲学积极洞见的情况下推动英美哲学的“语言学转向”回归经验；如何捍卫人类行动来反对抽象结构分析的主宰，同时尊重结构在我们社会关系中所起的作用；如何阐明对人类生存至关重要的阐释的丰富性，以补充科学和日常生活的因果性解释；如何发展一种能和我们具体的道德体验产生共鸣的责任哲学。

经验与语言

英美哲学中的“语言学转向”偏离经验、理念和思想体系，而转向分析概念和日常语言，这通常被看作是把所谓的“分析”哲学家与他们的“大陆”同僚们区分开来的变化。事实上，存在主义哲学有它自己的语言学转向，在法国方面，这种转向受瑞士语言学家费尔迪南·德·索绪尔（1857—1951）去世后出版的著作的启发要大于伯特兰·罗素（1872—1970）或路德维希·维特根斯坦（1889—1951）。在德国方面，这种向语言的转向甚至更为明显。

以后期的海德格尔为例。虽然对索绪尔的语言学一无所知，但海德格尔在提到语言时，把它看作是存在之家，并使用“语文学”论证来打破我们语言的日常用法，以揭示出直至那时还被遮蔽的存在。这也是他在早期的“存在主义”著述中的做法。他把“生存”这个词（德语的*Existenz*）分解为拉丁文的ex（意味着“出口”中的“出去”）和动词sistere（站立），使得“生存”（to exist）能被看成是从人群中、从日常状态中、甚至从我们自身（按照萨特的解释）中“凸显”。想想萨特的论断：我们“不只”是我们自身，我们的意识总是超越目前和当下而趋向未来和可能。我们已经看到，如果从时间上来看，“生存”指尚未完成和作为可能性的未来。按此分析，这个术语让我们注意到时间镜域，这是传统上永恒的存在得以被理解的基础。海德格尔对古典希腊语所作的某些“语法分析”通常牵强附会，有悖于古典语文学家通常的解读。但这些语法分析却在他设法重新找出对存在的一种原初意识的情境中非常有意义，在他看来，这种存在已被西方形而上学传统遮掩和遗忘。提及海德格尔这种研究方式的目的就是要强调海德格尔极其看重的语言，这种语言要比英语世界中的哲学家们的语言更加重要。不过，他并不想把存在之家与其栖居者混淆，无论这两者之间可能有多相关。语言也许是存在之家，我们也许是它的守护者，但不是它的囚徒。

在梅洛-庞蒂那里，也是如此，尤其在他早期对语言所作的现象学探讨中。他把语言看作是一种表达、一种姿势形式。他把胡塞尔归之于意识的意向性归之于我们体验的身体。体验这个概念变得更为复杂，包含了我们肉体生存的视角。他强调，语言本身最终也是一种生存方式。但随着他在20世纪40年代后期发现索绪尔的结构语言学，他对语言的理解就发生了变化。

在考察这个变化之前，让我们先来反思一下结构主义语言观的本质以及为什么这种对语言的理解方式与存在主义的理解方式截然相反。有争议的是自由的、负责任的个体的作用，这种个体是存在主义思想的标志。简言之，结构主义并不太重视这种个体。顾名思义，语言学“结构主义”研究的是语言的形式或结构，而不是语言的内容。类似于站在人体前的X光技师，结构主义者设法揭示出语言的基本构造，而不是语言“有血有肉”的实际用途。结构主义者把语言看作符号的系统排列，这些符号既使交流成为可能，同时又限制了交流，很像人体骨骼，既使我们的行动成为可能，又限制了我们的行动方式。但不同于X光线下的骨骼，语言学符号以一种“差异”方式运作，即它们的“意义”取决于它们在相同系统或语言中与其他符号的差异。真正说来，人们并不学习语词，而是学习语言。如果不暗示属于某种自然语言，像英语或斯瓦希里语“语词”甚至不被看作是一个词，而纯粹是一种声音。

对结构主义者来说，语言符号并不像人们通常所认为的语词那样给客观事物“命名”，而是在一组符号的成员之间作出区分。对结构主义者来说，论证的要点是，意义是纯粹的语言学符号，而不是如同现象学家和普通公众所认为的那样，是语言与世界之间的关系。这就使人们能以科学的方式把关注点集中在沟通的结构和密码上，而不陷入个体有意识的言谈行为的日常模糊性之中。但这种对抽象性和科学性的追求却放弃了生存的、能赋予意义的个体。事实上，结构主义者贬低了构成存在主义哲学和现象学方法核心的意识的作用。

在结构主义语言学的影响下，梅洛-庞蒂修正了他早期把语言看作表达这样一种基于意识的理解方式，而赞同一种结构主义所采用的更为形式主义的和有差别的理解方式。他现在宣称，语言“是差别体系，个体通过这个体系来阐明自己与世界的关系”。换言之，语言不再像胡塞尔所坚持认为的那样，是被本质还原所直观把握到的意义表达。相反，语言纯粹是基于一个“语言”系统中符号之间的相对差异的语言学现象。

但梅洛-庞蒂仍坚决支持个体自由和责任这些存在主义的价值观，拒绝完全接受结构主义论点：是语言在“讲”我们，而不是我们在讲语言。他区分了由社会经济因素决定的存在（这是他所否定的）和由社会经济因素引起的存在（这是他所愿意承认的）。这种区分使存在主义价值观能在结构性力量下得以保全。他的观点类似于英美哲学中所谓的“言语行为理论家们”的观点，这些理论家区分了行为和行动，前者是被引起的，是不自由的，而后者有其原因并且适合于讨论其自由和责任。和萨特一样，梅洛-庞蒂对用来解释和引导我们生活意义的社会历史维度越来越敏感，而结构主义的研究方法则倾向于忽视生存和历史，而强调非历史的结构。梅洛-庞蒂把这个特征看作是“知识的历史性”。萨特后来也同意，我们必须学会相对灵活地对现象进行组织和分类。梅洛-庞蒂早已把现象学“意义”解读成被置于历史情境中的意义。如果说这个观点没有向胡塞尔试图避免的相对主义屈服，那也表示了一种对实用主义和历史的认同，这种历史把结构与实践、语言与言语行为置于创造性张力之中。

支撑这个张力的就是梅洛-庞蒂所说的“制度”：

“我们把制度这个概念理解成那些赋予经验以持久性维度的事件，其他经验的整个系列都与这个经验相关而获得其意义，从而形成一个可理解的系列或一段历史，或者那些在我身上积淀了某种意义的事件，并不仅仅作为残留和剩余，而是作为后续的要求，未来的必然性。”

换言之，制度是一组事件，这组事件“构造”了我的经验，而经验又转而修正和改造了这组事件。梅洛-庞蒂认为，索绪尔的“语言”或克劳德·列维-斯特劳斯人类学的亲属结构是一组封闭的所有可能的组合，但制度并非如此，作为结构的制度是“多样的、复杂的概然性”的图表，“总是与局部情势相关”，并由此向“经验的历险”敞开。这就是存在主义对结构主义论述的改写和贡献。

萨特承认，自己并未发展出一种语言哲学，但他强调，语言哲学的某些要素可以在他的著作中找到。对萨特来说，语言是表述的一个现象，超越语词而拓展到非语言表达的符号和姿势。和梅洛-庞蒂一样，萨特认为，语言问题恰恰与身体问题一样：我既不能听见我自己讲话，也不能看见我自己微笑。

从存在论上讲，在《存在与虚无》中，语言属于“为他人而在”的范畴，而在《辩证理性批判》中，语言则属于“实践-惰性”[1]的领域。但在这两种情形中，萨特都把

1 在萨特看来，惰性意味着消极，实践-惰性（practico—inert）就是消极的实践，就是主体的客体化使得实践变得消极、颓惰；相反，客体的主体化却使得实践变得积极。在此意义上，个人实践由于个体充满主动性而具有最少的惰性，而包括语言在内的社会实践却因自身的客观性而具有最多的惰性。

从一般语言向法语、德语这样的自然语言，接着向方言和俚语，最终向个体言语的转变看作是从抽象到日益具体的转变。处于境遇中的个体的言语行为是最具体的语言现象。在这方面，语言是用来占用世界的一项基本技术，而不是像后结构主义者们所坚持认为的那样，是构造世界的手段。这表现了萨特的观点，即“自由是语言法则唯一可能的基础”。结构主义者们会断然否认这种看法。换言之，我们的自由和责任拓展到我们对语词的选择，并进而延伸到我们凭借这些选择加以维持的每一个语言系统（例如，种族主义和主张性别歧视的称谓）。这种理解对我们的表达和沟通这样的具体行为所具有的不言明的道德意义特别敏感，从这点上来说，这是典型的存在主义对语言的理解。但存在主义大大限制了语言所具有的创造意义的力量，妨碍了所谓的“语言学唯心论”的论断，即否认有外在于和独立于语言的现实，我们对语词的使用被假定为基于这种语言之上。

但这种抽象-具体关系却在萨特的《辩证理性批判》（1958）中被历史化了。现在，实践（社会历史背景中的人类活动）已取代了自为的存在或意识，而实践-惰性（积淀的先前的实践,它既限制又促进了当下的实践，就像自然语言既限制又促进了言语行为那样）已发挥了《存在与虚无》中所说的自在的存在或非意识的功能。不同于自在的存在，实践-惰性是反终结性的场所，是我们实际的决定没有预料到的结果。例如，砍伐树木以增加耕地的做法可能会因引发洪水而产生相反的效果。萨特以此为例来说明实践-惰性的一种功能，即我们先前的实践反过来损害我们当下的筹划。和以前一样，语言与特殊言谈行为之间的关系是一种抽象对具体的关系。但作为实践-惰性的语言的客观可能性和反终结性却大大明确了在萨特早期立场中有关抽象/具体的相当模糊的对比。就语言在我们的言语行为上实施了结构主义者路易·阿尔都塞所说的一种“结构因果性”而言，语言的力量就愈加显得重要。实际上，凭借其实践-惰性这个概念，萨特认识到了梅洛-庞蒂所解释的索绪尔语言学的有效性，而同时继续强调在理解语言学现象时个体实践所具有的存在主义首要性。

简要考察存在主义对语言的探讨方式就是要表明，在多大程度上生活经验（德语的*Erlebnis*）或萨特所说的生活体验，而非语言，才构成了他们讨论的基础。语言是重要的，这一点主要是就语言在一种交互的但通常受束缚的关系中去表达或形成经验而言。

弗雷德里克·詹姆逊所说的囿于“语言牢笼”这样的威胁对欧洲大陆和英语世界的许多语言唯心论者们来说是一大问题。对存在主义者来说几乎不成问题，这是因为，根据胡塞尔的意向性理论，意识总是早已“在世中”了。甚至在存在主义者的注意力从意识扩展到生活体验时，正是语言的体验和体验的语言，而非语言本身，才是他们所真正感兴趣的。尽管他们早期对语言的理解主要是工具主义式的，如同萨特在《什么是文学?》一书中，依据各自的介入能力而在诗歌与散文之间作出的不恰当区分所表示的那样，但梅洛-庞蒂的著作显示，在他去世之际他已超越了某种过于简单化的观点，而趋向一种结构主义的语言观。萨特在《辩证理性批判》中也修正了自己的早期论点，把语言学结构和其他结构纳入实践-惰性这个概念之中。

结构主义与后结构主义

我曾提到，存在主义“运动”因前后相继的结构主义和后结构主义思想流派而显得黯然失色，我们在今天仍能感受到这两股思潮的存在。无论人类学家克劳德·列维-斯特劳斯、马克思主义理论家路易·阿尔都塞、精神分析学家雅克·拉康、文学批评家罗兰·巴尔特本人是否认同，人们都普遍把他们看作是结构主义思潮的代表人物。当然，诚如我们在前面部分所看到的，还有结构主义语言学家费尔迪南·德·索绪尔。索绪尔在语言学方面的工作为这个运动奠定了理论基础。再则，顾名思义，结构主义是对社会现象所作的某种柏拉图式的探讨，以此来探寻那些无意识地指导和限制我们推理过程和实践的客观必然的结构。由此观之，“原始人”的推理过程同现代人的推理过程都具有逻辑性。这个方法区分了以下两者：一是对像一个部落的语言形成规则或亲族规则这样的文化实践进行的非时间性考察，一是文化实践发展的和历史的方面，如这些规则在实践中被运用的具体方式。结构主义者追寻那些能赋予他们各自研究以普遍和科学地位的一般规则时，更为关注现象的非时间性维度。例如，他们的研究表明，“原始”社会中的亲族关系主要是遵循一种（包容和排斥的）二元关系的无意识“逻辑”，这种逻辑事先决定了谁获准与谁结婚，谁又被禁止与谁结婚。再如，在大多数西方司法体系中，堂（表）兄弟姐妹的子女或近亲被禁止通婚。但诚如列维-斯特劳斯所阐明的，在所谓的“原始”社会中，被准允或被禁止的婚姻体系遵循着比禁止近亲婚姻复杂得多的规则。在理想的情况下，这样一些样式或结构能依据结构主义学者所能识别的某些“符码”而得到标绘。以类似的方法，我们可以发现一个同样的无意识逻辑在文学作品（巴尔特）、马克思的科学社会主义（阿尔都塞）和拉康著名的论断（即无意识“像语言那样被构造”）中起作用。萨特发现拉康的这个表述非常有吸引力，甚至在他继续拒斥无意识这一概念时也是如此。

结构主义者赋予这些社会结构一种客观的、必然的、不以人的意志为转移的力量，并宣称他们的方法是客观和科学的，这也使得结构主义与存在主义的研究方法完全对立。这也标志着所谓的“去主体中心”的开端。“去主体中心”日后将成为后结构主义思想的明确论题。但使得这个方法与存在主义现象学直接针锋相对并引发如此多争论的，就是它公开表示的“反人道主义”。诚如米歇尔·福柯在其一般被认为是结构主义杰作的《词与物》的结尾中所说，结构主义在20世纪60年代的成功表明，一个认识事件在不远的将来会发生，它将突然改变我们目前所说的“知识”的根本结构。他认为，这种突然性类似于把我们现代的以人为中心的理解方式置于显要地位这样的突然性。他推测，如果这一剧变发生的话，那么，“人们肯定可以打赌，人会像画在大海边沙地上的脸那样被抹去”。因为这些结构与柏拉图的普遍理念或形式一样，都不是个体行为者的产物。相反，个体是这些结构的体现者，而非发明者，就好比个体是自己所讲语言的语法规则的体现者，而非发明者一样。存在主义者所关注的负责任的个体在他或她一无所知的非人格结构中沦为了“占位者”。

当然，这引出了行为者和责任在结构主义世界中的意

图15　运用“原始”理性的结构主义代表人物

义这个棘手的问题。一个人如何对把他塑造成这类人的社会熏陶负责任？人们在此发现的是在协调个体自由和社会科学过程中反复出现的问题。就科学法则和原因是必然的而言，它们并没有为存在主义意义上的自由留有一席之地。但结构主义者们宣称遵循的恰恰是对社会现象所作的这样一种科学“探讨”，这种探讨即使不是植根于语言本身的“逻辑”之上，也是以这种“逻辑”为模型的。

我们已看到，梅洛-庞蒂一直在试图协调存在主义的自由和责任这样的价值观和结构语言学的科学方法之间的矛盾，潜在地，也在调和这些价值观和以结构主义方式把这种科学方法应用于法国人所说的人文科学中的矛盾。在作为《辩证理性批判》导言的“探寻方法”一文中，萨特强调，存在主义的使命就是“在马克思主义中再来征服人”。他一心想要去除党仆的马克思主义“经济论”（即经济决定论）；但他的批评被证明同样也适用于阿尔都塞和其门徒的较为成熟的结构主义马克思主义。这种马克思主义在20世纪60年代中期风行一时。恰如刚提到的那样，萨特在《辩证理性批判》中为“实践-惰性”领域中的结构、结构主义研究以及它所支撑的分析推理留有一个存在论的地位。再则，阿尔都塞的“结构原因”可以置于实践-惰性领域之中，就像列维-斯特劳斯的亲族家谱可以置于其中一样。这是通常被忽视的实践-惰性这个概念的一个主要功能。但正如我们早些时候所说的，即使是和最无情的“必然”的社会结构有关，实践-惰性这个概念也坚决捍卫个体的自由和责任。例如，萨特提出了列维-斯特劳斯的这些亲族结构如何在由于战争或自然灾害而造成人口稀少之时起作用这样的问题。他的言下之意就是，这些结构并不起作用，不是我们服务于结构，而是结构服务于我们。梅洛-庞蒂把结构解释为“可能之事”，而非“必然之事”，这也保留了生存自由。这再次表现了人道主义的箴言：“你总是能从你所已成为的一切出发来造就某事。”

哲学中所说的“后结构主义”或者文学、艺术和建筑中所说的“后现代主义”的特点可用让-弗朗索瓦·利奥塔（这些范畴在他那里是重叠的）所说的“意义的分裂”来表示。恰如原子裂变（分裂或爆裂）释放出巨大的能量，文学的体裁和叙述、形式和风格、有机关系和等级秩序以及物质和自我这些标准的统一体的破裂已产生了多样性和散布性。同样，揭示出了社会和文化关系“逻辑”的结构主义二元对立被像福柯这样的后结构主义者拆解成了多重合理性。虽然克尔凯郭尔和尼采因为他们的多重真理观及其各自对意愿力量和强力意志的强调而被重新确立为反现代主义的思想家，但萨特的存在主义却因明言依靠笛卡儿的我思作为哲学推理的出发点而被当作无可救药的现代主义的思想，并遭到抛弃。福柯拒斥萨特时措词异常严厉："《辩证理性批判》是19世纪的人想要思考20世纪的问题而作出的伟大而又可悲的尝试。我想说，在这个意义上，萨特是最后的黑格尔主义者，也是最后的马克思主义者。"当福柯说这话时，我们可把他看作是后结构主义的代表人物。换言之，在福柯看来，萨特的存在主义对当代人什么都没有说。

尽管福柯的批评异常激烈、毫不留情，但我们不可能把萨特局限于他所象征的19世纪，这至少是出于两个原因。首先，如同我所指出的，萨特的主体不是自我，而是向自身的在场。我们已看到，它不具自我同一性，这就能与讨论作者之"死"和自身的"遮掩"的巴尔特和福柯这样的后现代主义和/或后结构主义作者进行富有成果的对话。尽管一种根本的二元论渗透于萨特的思想之中，但它并不是笛卡儿那种身与心、思维与广延实体这种通常被拒斥的二元论，而是自发性与惰性的二元论，一种可与后结构主义思想相容的功能性的而非实体性的二元性。

其次，尽管萨特并不赞同多重合理性，但他在《辩证理性批判》中却清楚地区分了辩证理性与分析理性。辩证理性是动态的和历史的，而分析理性既不是动态的，也不是历史的。这就产生了除这两种以外的其他推理方式的可能性。而且，在迈向福柯的（和尼采的）知识与权力的统一性时，萨特还把这两种理性中的每一种与一个政治和社会阶级（分别是无产阶级和资产阶级）联系起来；知识与权力的统一性是后现代主义论点。事实上，“所有知识都是介入的”，萨特的这个论断不仅表达了他的生命定向选择这个概念，而且在福柯再次凸显这个关系之前就以尼采的方式引入了权力–知识问题。如果萨特因为弗洛伊德的无意识概念威胁了个体自由而对这一概念有所怀疑的话，那么，他同样也批评怀疑论的透视主义和多重合理性，他认为这种透视主义和合理性妨碍了彻底的社会变革，并因此维护了社会经济现状。早在20世纪30年代晚期，萨特就是这样批评他昔日的朋友雷蒙德·阿隆历史理解的方式的。

加上德·波伏娃持续不断地（有时是受争议地）出现在女权主义运动中，人们就可以得出结论，虽然她与萨特并未成为发展中的后现代主义者，但他们与第一代存在主义者克尔凯郭尔和尼采一起在21世纪同样能推进哲学对话的这个方面。

解释学

哲学解释学在20世纪日益增强的重要性也为存在主义思想进入21世纪提供了契机。作为解释文本的方法，解释学最初关注的是《圣经》文本，接着是法律文本，最终是文学和艺术文本，它在大陆思想中发挥了重要作用。随着“文本”这个观念的内涵逐渐扩大，包含了任何意向活动的表现（从制度的确立到拳击手的刺拳和虚击都被包括在内），解释学解释的范围也相应地得到了扩展。从威廉·狄尔泰（1833—1911）和马克斯·韦伯（1864—1920）开始，运用“理解”就成了人文科学的标志性方法，尤其是历史和人文主义社会学的明确方法，以此来区别于自然科学。在海德格尔，尤其是他的弟子汉斯-格奥尔格·伽达默尔（1900—2002）那里，“理解”和解释成了我们在世中存在的根本方式。

和现象学一样，解释学主要是一种方法，而不是一套形而上学理论或存在论。解释学假定所有知识都是在一定的情境之中（如萨特所说，都“处于境遇之中”），认知者带着对当下问题的“前见”或前理解来探讨问题。这是一个古老的问题。智者派早就提出，学习是不可能的，因为要么你早已知晓，因而无需再学，要么你对所学的一无所知，即使你遇到，也不会认可。解释学强调，学习确实是可能的，因为不管我们学什么，我们都是既知道一些东西又不知道一些东西。关键是要说明这个悖论式宣称在何种意义上有效。这就是通常所说的“解释学循环”。伽达默尔，我们当今最著名的解释学的实践者，把解释学定义为“让被书面语词的字母疏远或被文化和历史探究分隔的存在的特性所隔离的一切再次说话”。换言之，解释学是一种方法，用来发现陌生文本的意义，而不管这种陌生性是历史原因造成的，就像古代铭文那样，还是仅仅因为来自另一个领域，就像来自于另一种文化甚或来自另一个行业或学术专长的人的陈述一样。解释学是由弗里德里希·施莱尔马赫（1768—1834）引入现代哲学，并由狄尔泰和韦伯拓展至人文科学的。从广义来说，解释学是“理解”另一个人的活动，而不是从因果关系角度来“说明”另一个人的活动（这会危害一个人的自由）；如果从这个角度来看解释学，那么，存在主义者就以各自的方式广泛地使用了解释学。简要地考察一下我们的五个人物，就能揭示出他们对解释学的运用以及“存在主义的”解释学如何与当前关于这个话题的讨论继续相关。

第一个人物是尼采。他不是施莱尔马赫的崇拜者；他坚持认为，所有知识都是解释，否认存在任何根本“文本”，人们在这个根本文本之外不再能设法确切地理解它。知识从来都不是绝对的或无可置疑的；知识始终都是对解释的解释。这似乎导向一种尼采和后现代主义者们都支持的对于真理和知识所作的实用主义式探讨。这样说来，知识就像踩水，真理就是我们踩水成功。这与胡塞尔的现象学截然不同，胡塞尔的现象学旨在反击这种“相对主义”及其所助长的“唯意志论”（在与世界的关系问题上，强调意志对于理智的重要性）。

解释学方法的反笛卡儿性在马丁·海德格尔那里显露

出来。我们现在正处于刚刚提到的解释学循环之中。海德格尔论证说，在实际探寻之前人们对正在研究的主题已略知一二（即他所谓的“前理解”），否则人们就根本不会对它感兴趣。正是海德格尔把现象学变成了解释学的现象学。事实上，他的代表作《存在与时间》旨在阐明我们关于存在的前理解，这种前理解使我们自己的生存成了问题。这也是为什么海德格尔的导师胡塞尔拒绝承认海德格尔的现象学是真正的现象学的原因。

萨特在《存在与虚无》中继续这条探究路径，他在该书中诉诸“前存在论理解”来理解存在、非存在、真理的标准和一个人的根本筹划这样一系列相互关联的问题。现象学描述的任务就是要把这个不言明的意识引入到反思意识之中。这样的理解是直接的和前认知的。它为我们随后的研究提供了具体的指导，这些随后的研究被反思所调和，并在概念中得到阐明。

卡尔·雅斯贝尔斯采纳了狄尔泰和韦伯那种把解释学应用于人文科学，尤其是心理学和历史学的方法。由狄尔泰阐明、并被韦伯使用的理解这个概念，由雷蒙德·阿隆在20世纪30年代晚期引入法国。事实上，正是阿隆的工作才触发了萨特对历史哲学的兴趣。雅斯贝尔斯和其他人分享了狄尔泰的文本解释学的理想，这种解释学能使我们“比作者本人更好地理解他自身”。作为雅斯贝尔斯心理病理学中的一个重要工具，如同后来在萨特的存在主义心理分析中一样，解释学通过使我们接近人文科学的“内在生活”而使人文科学“人性化”；也就是解释学使我们接近促使行动者行动的意向和目的，这些意向和目的明显不同于说明行动者行为的自然“原因”。

但是，当萨特在《存在与虚无》的结尾处把解释学用作为“存在主义心理分析”的方法时，他就引入了一种特殊的对解释学的存在主义-人道主义的用法。这个设想的目标是要把一个个体的基本“选择”或定义生命的设想提升到反思意识。如同我们在第四章中所注意到的，它假定生命是一个总体化现象，类似于叙事的渐进化，这个总体化现象的统一性取决于对一组价值和标准的前反省的和持久的采纳，这组价值和标准为生命提供了意义和方向。由于前意识是完全半透明的，并且隐含有自我意识，因此，存在主义分析师（他或她自己可能也是主体）的使命，就是要把这种理解提升为完全的知识。借助于一种解释学或对基本选择的经验符号所作的解释，就能完成这样的提升。像沿着沙滩行走的人一样，人们可以通过向后看自己的足迹来“读”出自己的方向。存在主义的心理分析设法揭示出的，并不是我们在不诚中假装要成为的或错误地想要成为的人，而是我们先前的行动揭示出我们已选择（Chosen，大写的选择）要成为的人。尽管萨特并未使用由解释学家伽达默尔所阐明的表述，但萨特似乎要求在分析师与被分析者之间存在一种解释视界的“融合”来实现这一点。在日常的社会经验中，如同在撰写像古斯塔夫·福楼拜的传记这样的生存传记中，萨特确实谈论我们“对于另一个人的理解所作的理解”。这似乎是在成功的解释活动中视界融合的功能上的等同。

而且，解释学方法假定，语言学表达或任何文化对象都嵌入在传统之中。但这个传统是妨碍还是促进沟通，取决于所使用的适当的解释学方法。尽管狄尔泰把解释学捍卫为人文科学的适当方法，以区别于自然科学所使用的功能关系和因果说明的方法，但海德格尔把“理解”描述为人在世中存在的根本方式。由此说来，理解这一方法并不简单地是自然科学的补充，就像狄尔泰似乎加以暗指和韦伯所坚持的那样，理解是一般人类认知的基础。萨特似乎会同意海德格尔，即认为在《存在与虚无》中我们的前反省意识在《辩证理性批判》中被阐发为“理解”，在这后一本著作中，“理解”被描述为是对实践自身的半透明性[1]。所以，解释学会是一种普遍方法，适合于所有形式的人类理解。不过，萨特把解释学与辩证理性和实践联系起来，想要为像在自然科学中被使用的“分析”理性保留一席之地。在此程度上，萨特是同意狄尔泰和韦伯的。但当萨特把“意识形态”或虚假意识这样的观念引入交往时，他就遮掩了这种半透明性。除了警告我们萨特意识的直视眼睛比先前意识到的更易患上视觉并发症，我们无需关注这一点。即使说掩饰意识的半透明性限定了人类自由和责任的范围，它也并没有完全消除这个范围。

一种责任伦理

在后现代主义世界中，继承而来的统一原则和绝对价

1 在哲学史上，意识哲学家一般都主张意识对自身是透明的或半透明的，有不证自明、自己赋予自己意义的意思，这里把实践比作了意识。

值的崩溃构成了对可辨认意义上的伦理理论和道德实践的特殊挑战。一开始，伦理身份这个观念似乎假定了狄尔泰所说的“生命的连贯性”。从古代起，道德家们坚持把融贯性看作道德生活中的一个本质要素。海德格尔意义上的本真生存必须防止我们的努力在纯粹的忙碌和懒散的好奇中“耗尽”。海德格尔和萨特都指望以一个果断的和支撑性的筹划或“选择”来达到这个统一性，而不是躲避在某种形式的实体性身份之中。每个哲学家都把人类看作一个负责的个体。虽然海德格尔在充分探讨关于存在意义的存在论问题之前不太情愿冒险提出一种伦理学（这从未发生过），但萨特通过唤起对不时渗入我们日常生活中不诚（诸如否认责任）的关注，极其想“让资产阶级有内疚感”。对萨特来说，责任就像自由一样无处不在。

法国伦理学家艾曼努埃·莱维纳斯（1905—1995）在后现代伦理学中的流行开启了存在主义概念和价值的复兴，尽管他通常并不被看作是一个存在主义者。吸引许多后现代主义思想家关注莱维纳斯立场的，是它否定伦理学的形而上学基础，并转向一种责任伦理，以取代一种关于普遍原则或抽象价值的伦理学。假如莱维纳斯不曾存在，那么后现代主义者们也必定会创造这么一个人物。

不过，即使是后现代主义者也承认需要像“正义”这样的基本伦理原则，众所周知，雅克·德里达也宣称这个原则“也许是不可解构的”。德里达这样说是指它也许不易经受他通常使用的（解构）方法，即通过分析概念从先在的形而上学假定中获得的“混乱”或“痕迹”来拆散概念的统一性。更为简单地说，正义也许是相对主义世界中的一个绝对。

莱维纳斯同样赋予正义某种相对的根本性。对莱维纳斯来说，正义派生于第三方的降临，即使它奠基于面对面的原初责任，面对面是他根本的伦理范畴[1]。在此意义上，正义类似于萨特这样一个概念，即我们的“为他人的存在”随着第三人的出现而在我们中间高涨。像他们之前的功利主义者一样，后现代主义者也已发现正义概念是他们的致命弱点。正义概念似乎拥有一个后现代主义者必须加以满足的不容商量的特征。任何的“游戏”（如同利奥塔

1 鉴于马丁·布伯赞赏“我-你”的对话和交互关系，莱维纳斯则注重“我-他者”的非对称关系，我对他者负有绝对的责任，但我并不指望他者以对等的方式回报我。莱维纳斯把这种非对称关系称作“面对面的关系”。

所说的，他把正义看作一个特别严肃的游戏）或隐喻手法也不能成功逃脱它的严格要求。不过，如同在克尔凯郭尔的悲剧英雄那里，非人格的正义，漠视“日益微弱的情势”，能给人造成重大伤害。

存在主义的“在境遇中的存在”在这方面能提供帮助。这又是一个关注具体思维的例子。这与其说是在引入新观念还不如说是在召唤我们回到传统洞见，即使传统洞见的概念情境并不是传统的。我们想到了这样两度诉诸在亚里士多德那里的“具体”思维，即他在正义与公平（平等）之间作出区分，以及他的审慎之人的概念。在前一种情形中，人们可以通过考察情形的特殊性来避免法则脱离上下文应用的不公平性。在法律的字面意义与精神之间作出的区分是这种对具体表现出来的相同关注的另一种表现。

在某种意义上，境遇伦理学这个概念并不新奇。它至少与亚里士多德的审慎之人这个概念一样古老，这个概念是我们的第二个例子。审慎之人知道在恰当的情势、恰当的时间做恰当的事情。如同伦理学家约瑟夫·皮珀所说，审慎可以被理解为“境遇意识”。对亚里士多德意义上的“审慎”判断存在着一种明显的具体性。“审慎”判断是某种并非恶性循环的成果：正义之人是作出正义判断之人，但人们必须通过作出这样的正义判断来学着成为正义之人。并不存在绝对的出发点。人们总是处在事物中间。我们发现我们自己处在解释学循环的伦理视角之中。

类似于审慎之人，存在主义者“在境遇中”进行判断。但审慎之人在哪里发现了什么是要去做的正确的事情，存在主义者就决定要去做这样的事。亚里士多德主义者在哪里是调查研究性的，他或她在那里就是“创造性的”。“本真的”个体在充分认可他的或她的可错性时是在作决定。但在考虑到最容易获得的证据，考虑到对自由的推进而不是武断地作出选择时，本真的人，诚如我们所看到的，通过贯彻到底会使它成为正确的选择。

存在主义者正是在进入这个伦理的自由下落领域[1]时满足了后现代主义者对一种伦理实践的要求，这种伦理实践并没有形而上学承诺或者不可侵犯的法则和原则。一种价值占有的伦理学表达和支撑了一个人一生的自由；诚如我们所提出的，萨特关于这种伦理学的看法开始能满足后

1 指的是伦理学从关注高高在上的抽象原则转而关注个体所处的具体的社会历史境遇。

现代主义世界中的这些后现代主义要求。如果说现代主义伦理观就是伦理学家齐格蒙特·鲍曼所说的，坚持理性动物的自律与理性处置的他律之间（目的与手段之间）的冲突在原则上可以得到解决（尽管尚未得到解决），而后现代主义却乐于认同这种不可解决性，并赞成由此而来的选择的多样性，那么，存在主义就像梅洛－庞蒂和德·波伏娃所说，它既为后现代主义提供了一种伦理理想的力量（例如，在萨特的目的之城中的本真生存），又提供了与必然的模糊性共存的现实意愿。这与亚里士多德的看法并无太大差异。亚里士多德警告人们不要在道德王国中探寻比所能允许的更大的精确性，尤其是，不要为道德问题寻求数量上的解决方法。如果满足了后现代主义的非形而上学要求，并因此成为非亚里士多德主义的，那么，存在主义的选择仍然是“现代主义的”，因为它仍然信奉人道主义，只是这种人道主义是由它自己创造的。

术语表

畏（anguish, *Angst*, *l'angoisse*）：对个人自由作为一种极端可能性的意识。这不同于“怕”，因为“怕”有特定的对象。因此，一个人可能“怕”从悬崖上跌落，但面对跳崖的可能，他却感到“畏”。

本真性（authenticity）：承认自己独特个体性的状态。对海德格尔来说，这绝对包含了一个人的向死而在；对萨特来说，这是一个人拥有自己的彻底自由和责任。每一个存在主义者对这一“德性”都有他或她的见解。

间接沟通（communication, indirect）：获得读者交感关注的间接方式，以便传递那些可能会被理智化或被简单地、不假思索地拒斥的价值观和情感。美术在这种形式的“具体”思维中特别有效。

“此在”（Dasein）：海德格尔用以特指人类存在方式

的术语。通过使用这个术语，而不是“人”，海德格尔就抛弃了传统的人道主义。传统的人道主义通过聚焦于人是“理性动物”这样一个论断而不知不觉地限制了人的特殊性。

生存（existence）：从词源学上讲，“生存”意味着“凸显”、“站出来”。我们可以说人生存，而事物则简单地存在。存在主义者把生存与绽出的时间性联系起来，尤其是与作为可能性的未来联系起来。克尔凯郭尔的明喻抓住了生存的含义：“生存意味着什么？生存就是排在长队中，但排到窗口时又不买票。不是这样，生存就是在骏马奔越平原时，拼命抓住马的鬃毛。不是这样，生存就类似于骑在一匹行动迟缓的矮种马背上时，你可能体验到的最为匆忙的状态。”（参见“间接沟通”）。

不诚（faith, bad）：萨特的术语，指自欺。因为人类境遇的真实性和超越性的二价构成，每个人都有自欺的倾向。本真的生存在一个创造性张力中维持了这种二元性。而不诚则试图通过把超越性瓦解为真实性或者把真实性挥发为超越性来逃避这个张力（及其“畏”）。这两种做法都否认了我们的存在论构造，因此徒劳无功。

解释学（hermeneutics）：对“文本”的意义进行解释或理解的方法，广义的“文本”包括梦、象征符号以及其他行动者的意向，还包括一个人自身。

人本主义（humanism）：把人置于宇宙中心的哲学理论。它的各种形式——例如，无神论的、宗教的、马克思主义的、文艺复兴时期的、古希腊的人本主义等等——都取决于它们把什么当作是人类所能达到的最大完善。

意向性（intentionality）：对胡塞尔来说，这是意识的标志性特征，意识凭意向性指向（意向）世界中的对象。这就使现象学家摆脱了由勒内·笛卡儿（1596—1650）的“内部/外部”认识论遗留给近代哲学的沟通思想和外部实在“纽带”问题的困扰。

虚无主义（nihilism）：指这样一种信念，即认为没有客观价值，真理纯粹是主观的，人类生存毫无意义。尼采相信“民众”在失去对上帝的信仰后，会屈从于某种虚无主义，而“自由人”则会通过接受这个境遇并创造自己的真理和价值观躲过了这一劫。

现象学（phenomenology）：20世纪主要的哲学运动之一，由埃德蒙德·胡塞尔创立。作为一种严格描述意识对象的方法，现象学被像海德格尔和萨特这样的存在主义者所采用。

后现代主义（postmodernism）：后现代主义与其说是现代主义的继承者，还不如说是现代主义的批判替代者。它拒斥强调作为现象学和存在主义特征的主体和意识。尽管被使用得如此宽泛，以至于实际上毫无意义了，但在其主要倡导者让-弗朗索瓦·利奥塔（1924—1998）的言语中，后现代主义拒斥像马克思主义作为阶级斗争的历史理论这样的“元叙述”，并宣称意义的“分裂”，即统一的意义形成在当代社会中无可挽回地分崩离析。

后结构主义（poststructuralism）：经常与后现代主义相混淆。从性质上说，后现代主义更具文学色彩和审美特性，而后结构主义更具哲学性和社会科学性。后结构主义也超越了结构主义的“形式主义”，支持合理性的多样性，批判现象学和存在主义提出的能赋予意义的主体。后结构主义运动将包括米歇尔·福柯（1926—1984）以及像雅克·拉康（1901—1981）和罗兰·巴尔特（1915—1980）这样一些前结构主义者。

境遇（situation）：人“在境遇中”生存，意味着人淹没在像出身、国籍、性别、社会身份、先前的选择这样的意识生活的已知事实中。这就是人们的“真实性”。但人们也以和他们真实性相关的方式“超越”了这些已知事实；例如，羞耻或骄傲，顺从或拒绝，抱有希望或感到失望。人类境遇内在地是如下两种成分的模糊混合物，即真实性与超越性、给予与索取（参见“不诚”）。

结构主义（structuralism）：顾名思义，这种理论认为我们社会的相互作用，从我们的语言（费尔迪南·索绪尔）开始，一直延伸到“原始”社会的逻辑（克劳德·列维–斯特劳斯），我们的意识形态（路易·阿尔都塞），我们的文学尝试（罗兰·巴尔特），甚至我们的无意识（雅克·拉康），都基本受制于无意识的规则和译码。这些规则和译码都先于我们的意识活动，并引导我们的意识活动。由于结构主义强调形式结构对于内容的重要性（抽象和普遍对于具体和特殊的重要性），也由于它相对贬低个体的创造性，所以结构主义被认为是与一般的人道主义相对立，与特定的存在主义相对立。

绽出的时间性（temporality, ekstatic）：这一术语由海德格尔阐述，为萨特和其他人所采纳，但早已被克尔凯郭尔所预见。它指的是生活时间的三个维度，即作为“被抛”或真实性的过去，作为“投射”或绽出的未来，作为“沉沦”或淹没在日常生活中的现在，这与量化的“钟表”时间完全不同。这种时间观阐明了一种存在主义的观点，即我们从根本上讲是受时间束缚的，但这种存在主义观点强调作为可能性的未来维度，尤其是我们最本己的可能性，我们的向死而在。